中國學術思想 研究輯刊

六 編

林慶彰 主編

第 17 冊

皮日休的生平與思想
——兼論其在唐宋之際思想變遷中的角色

江政寬 著

花木蘭文化出版社

國家圖書館出版品預行編目資料

皮日休的生平與思想——兼論其在唐宋之際思想變遷中的角
色／江政寬 著－初版－台北縣永和市：花木蘭文化出版社，
2009〔民98〕
目 2+142 面；19×26 公分
（中國學術思想研究輯刊 六編：第 17 冊）
ISBN：978-986-254-068-8（精裝）
1.（唐）皮日休 2.傳記 3.學術思想 4.知識分子 5.唐代
6.宋代
112.41   98015275

ISBN - 978-986-2540-68-8

9 789862 540688

中國學術思想研究輯刊
六　編　第十七冊   ISBN：978-986-254-068-8

皮日休的生平與思想
——兼論其在唐宋之際思想變遷中的角色

作　　者　江政寬
主　　編　林慶彰
總 編 輯　杜潔祥
出　　版　花木蘭文化出版社
發 行 所　花木蘭文化出版社
發 行 人　高小娟
聯絡地址　台北縣永和市中正路五九五號七樓之三
　　　　　電話：02-2923-1455／傳真：02-2923-1452
網　　址　http://www.huamulan.tw 信箱 sut81518@ms59.hinet.net
印　　刷　普羅文化出版廣告事業
封面設計　劉開工作室
初　　版　2009 年 9 月
定　　價　六編 30 冊（精裝）新台幣 50,000 元

皮日休的生平與思想
——兼論其在唐宋之際思想變遷中的角色

江政寬　著

作者簡介

　　江政寬，美國紐約大學歷史系博士班研究、國立成功大學歷史學博士，現任國立中山大學通識教育中心助理教授。教學研究之餘，亦從事翻譯，譯有《法國史學革命》、《新文化史》、《歷史學與社會理論》、《後現代歷史學》、《馬丹蓋赫返鄉記》、《永樂皇帝》、《何謂歷史》等書。

提　　要

　　本書試圖通過對皮日休的研究，揭示晚唐思想的部分面相，以及中唐儒家復興所延續下來的某些趨勢。書中側重於重構皮日休的生活世界，以及他的思想和時代的關連，鋪陳的重點包括日休進士及第前的遊歷和干謁活動，藉此勾勒晚唐科舉考試的某些面貌和舉子的情狀；亦包括他對儒家經典的觀點，他同中唐以降的古文運動、新春秋學風、新樂府詩運動的關係，以及他的社會政治評論；以此闡明他的思想中那些理念是他獨到的見解，以及那些看法是反映時代的心態和思想趨勢。本書並非一般意義的文學家傳記，主要的目的乃是通過皮日休的生平和思想，考察唐宋之際思想變化的某些趨勢。因此，本書的論述雖以皮日休為中心，然而，書中所討論的議題之開展，則是扣合到這些思想的變遷趨勢。

　　本書的篇章架構除導言、結語外，共分六章。第一章，中唐的士人與學術思想氛圍，分述古文運動與新春秋學；第二章介紹皮日休的早年生活，附及其交友考述；第三章說明皮日休寓吳時期的生活以及離吳後的晚年事跡，其死因亦有考論，附及其交友考述；四、五兩章分別探討皮日休的思想，包括他的儒道觀、社會政治思想、淑世濟民的詩歌精神之繼承、對釋老的態度以及後期思想的道家傾向。第六章從王通復興、孟子學的興起及韓愈地位的上升等三個角度來論述皮日休在唐宋之際思想變遷中所扮演的角色。附錄並蒐錄皮日休作品補遺與輯評以及今人研究目錄。

目次

導　言 ……………………………………………………………… 1

第一章　中唐的士人與學術思想氛圍 ……………………… 5

　　第一節　古文運動 …………………………………………… 6

　　第二節　新春秋學 …………………………………………… 8

第二章　早年生活 …………………………………………… 15

　　第一節　世　系 ……………………………………………… 16

　　第二節　生平與童年 ………………………………………… 19

　　第三節　鹿門隱讀 …………………………………………… 21

　　第四節　尋求仕進 …………………………………………… 22

　　附　錄　交友考述 …………………………………………… 28

第三章　吳中唱遊與晚年事跡 …………………………… 31

　　第一節　吳中生活 …………………………………………… 32

　　第二節　死因探考 …………………………………………… 38

　　附　錄　交友考述 …………………………………………… 42

第四章　皮日休的思想（一） …………………………… 49

　　第一節　儒道觀 ……………………………………………… 49

　　　　一、「道」與「古」 ……………………………………… 50

二、爲政之道 ·· 56

三、立身處世之道 ·· 58

第二節 社會政治思想 ···································· 60

一、君臣關係 ·· 61

二、統治者與被統治者 ································ 65

三、社會政治評論 ·· 69

第五章 皮日休的思想（二）···················· 77

第一節 淑世濟民的詩歌精神之繼承 ·········· 77

第二節 對釋老的態度 ································ 82

第三節 後期思想的道家傾向 ···················· 85

第六章 唐宋之際思想變遷中皮日休的角色 ········ 95

第一節 王通復興 ·· 96

第二節 孟子學的興起 ································ 103

第三節 韓愈地位的上升 ···························· 110

結 語 ·· 115

參考書目 ·· 119

附 錄 ·· 131

附錄一 皮日休作品補遺與輯評 ················ 131

附錄二 今人研究目錄 ································ 136

後 記 ·· 141

導　言

　　中唐儒家復興至北宋儒學運動的興起之間，是中國儒學發展史上的一段重要的過渡時期。這段時期不祇是「舊」儒學與「新」儒學傳統之間的變化，亦是從魏晉以來佛、道鼎盛的局面，轉折爲以儒家爲主導的近世學術文化傳統的肇端。

　　十一世紀中葉，北宋仁宋慶曆年間宋學崛起，此後波瀾壯瀾，蔚爲大國。儘管北宋的儒學運動在中國的文化史和思想史上扮演著舉足輕重的角色，然而，學界對於這個運動的根源和形塑過程，仍未發展出較有系統的解釋。誠然，北宋新儒學不是一驟起的思想革命；它源自於一個漫長且複雜的思想轉變，其源頭可溯自中唐的儒家復興，但不容小覷的是，介於其間的晚唐五代，則是起著形塑的作用。

　　在解釋本書希冀達到的目標，以及何以選擇此一題目作爲研究論旨之前，筆者想稍加說明目前學界對於晚唐五代儒家思想的一般印象和研究概況。

　　首先，論者對於儒家在晚唐五代的處境，普遍的看法是，由於這段時期的持續動亂，使得儒學的發展喪失其思考所必需的外在條件，因此陷於停滯狀況。直至北宋統一的局面穩定下來，儒學才獲得進一步的發展。〔註 1〕

　　其次，既然學界這段時期的刻板印象是，儒家思想的發展陷於停滯狀態，其思想自然無甚可觀，這種態度使得我們對唐末五代的學術思想研究成果，

〔註 1〕此一看法堪以張躍作代表。他的《唐代後期儒學的新趨向》一書，所指陳的
　　　「唐代後期儒學」，事實上祇涉及中唐儒家復興，對於晚唐五代的儒學思想，
　　　則三言兩語帶過，著墨甚少，參見張躍，《唐代後期儒學的新趨向》（臺北：
　　　文津出版社，1993 年）。

成績極爲有限，具深度且專門的討論著作幾乎不存在，因而造成中唐儒家得興與北宋儒學運動之間的可能關聯，變成遺失的環結（missing link）。

本書主要討論的對象皮日休（840～881？），一般皆視其爲文學家，而其儒學思想則不曾受到嚴肅的探討。目前有關皮日休的研究，大體上可分成二類：一類著眼於他在文學層面的表現；另一類則是意識形態掛帥，強調其思想的進步性。

前一類探討皮日休文學成就的專門著作，有尼豪士（William H. Nienhauser, Jr.）的《皮日休》（*P'i Jih-hsiu*, 1979）和王盈芬〈皮日休詩歌研究〉（1992），另外日休與陸龜蒙的比較研究，尙有姚垚〈皮日休陸龜蒙唱和詩研究〉（1980）、楊妙燕〈皮日休與陸龜蒙的散文研究〉（1992），以及晚近大陸學者王錫九所著的《皮陸詩歌研究》（2004）；其中王、姚和楊三者皆爲臺灣中文研究所的碩士論文。這些著作的研究方向，極清楚地是以皮日休的文學表現和文學觀爲重心，文中對其思想僅僅略有觸及，至於他在唐宋之際思想變遷中的角色，則是無所措心。

後一類作品之作者幾乎皆爲大陸學者。他們對皮日休表現出頗高的興趣和熱忱，不過，看重他的原由卻非基於他在文學史或思想史上的重要性，而是由外緣因素引起。他們在論及日休時，通常免不了會增添一筆，強調他是「歷史上唯一參與農民起義的進步封建文人」。〔註2〕

然而，不論上述二類作品研究皮日休的背後動機爲何，其共同趨勢主要聚焦於他在散文和詩歌方面的表現和成就；這一點與我們的關懷有極大的不同。

本書試圖通過對皮日休的研究，揭示晚唐思想的部分面相，以及中唐儒家復興所延續下來的某些趨勢。筆者將側重於重構皮日休的生活世界，以及他的思想和時代的關連。書中鋪陳的重點包括日休進士及第前的遊歷和干謁活動，藉此勾勒晚唐科舉考試的某些面貌和舉子的情狀；亦包括他對儒家經典的觀點，他同中唐以降的古文運動、新春秋學風、新樂府詩運動的關係，以及他的社會政治評論；以此闡明他的思想中那些理念是他獨到的見解，以及那些看法是反映時代的心態和思想趨勢。本書並非一般意義的文學家傳記。筆者的主要目的，乃是希冀通過皮日休的生平和思想，考察唐宋之際思想變化的某些趨勢。因此，本書雖以皮日休爲中心，然而，我們所討論的議

〔註2〕詳見附錄二相關之篇目。

題之開展，將扣合到這些思想的變遷趨勢；至於，同此主題無直接關連的部分，諸如他的詩歌表現技巧和散文的創作藝術，如有提及之時，祇是作為相關背景的說明。

選擇皮日休作為研究對象，主要基於三個理由：

其一，中唐儒家復興以降至北宋儒學運動崛起的歷程裡，晚唐五代介於其間，然而，我們對於這段過渡時期的思想研究，卻極為不足，因而研究皮日休的思想將有助於我們了解儒家思想在晚唐的面貌和處境。

其二，皮日休的關懷和興趣，涵蓋了中唐儒家復興的幾個側面，舉凡新春秋學風、古文運動，以及關係稍遠的新樂府運動，皆有所涉及。通過皮日休的思想，我們可以檢證中唐的知識分子，其所提倡的儒家理念在晚唐落實與延續的狀況。

其三，儘管中唐儒家復興的理念，在皮日休的思想烙上深刻的印記，再者，他也以韓愈的追隨者自居，然而，日休並非全然重彈舊調，他亦提出一些獨到的看法。這些看法除了反映唐宋之際的思想變遷趨勢之外，同時亦在宋初的士人群體中，激起不小的迴響。職是之故，皮日休成為我們研究唐宋思想變革的一個重要參考點。換句話說，有關北宋新儒學興起前的形塑過程，惟有對這段時期的過渡型人物作深入的研究，才能使我們獲得周全適切的認識。

第一章　中唐的士人與學術思想氛圍

　　皮日休生於唐敬宗開成五年（840），這個時期已是一般所謂的晚唐。這一年上距安史之亂（755～763）已有七、八十年的光景，安史亂後帝國所暴露出來的社會、政治與經濟潛在之危機，歷經這段時間的惡化，已難以挽回頹勢。曾經光輝一時的大唐王朝，一步一步邁向了崩潰之途。〔註1〕

　　安史之亂所帶來的巨變，帶給中唐的知識分子極大的衝擊。這個動亂深深地激起許多知識分子的儒家意識，如何以儒家的價值和理念，重整政治秩序，對他們而言，顯然是當下最迫切的課題。八世紀下半興起的古文運動和新春秋學運動，即是中唐士人對此變局的省思和反應，這些知識分子結合志同道合的友人，大力宣揚儒家理念，不論就影響力和思想深度，皆將醞釀近半世紀的儒家復興運動帶到高峰。

　　儘管皮日休未及參與中唐的儒家復興運動，但他自覺地繼承此一運動的主張和精神。為了能更適切地勾勒皮日休的思想內涵及來源，我們有必要對中唐的幾股思潮，尤其是春秋思想和古文運動作一番敘述，藉此凸顯他的思想同中唐儒家復興的關係，以及在晚唐的意義。

〔註1〕參見李必忠，〈論唐玄宗時期的社會矛盾——兼論唐王朝由盛轉衰的原因〉，輯入史念海主編，《唐史論叢》第二輯（西安：陝西人民出版社，1987年），頁137～162；趙和平，〈唐代兩稅法實行後的兩個突出的問題〉，輯入中國唐史學會編，《唐史學會論文集》（西安：陝西人民出版社，1986年），頁259～277；袁英光，〈試論唐代藩鎮割據的幾個問題〉，輯入中國唐史研究會編，《唐史研究會論文集》（西安：陝西人民出版社，1983年），頁268～291；盧建榮，《咆哮彭城：唐代淮上軍民抗爭史（763～899）》（臺北：五南，2008年）。

第一節　古文運動

　　唐代古文運動的出現，有文學發展的內在因素，亦有外在環境的刺激。就文學層面而言，古文運動的興起可溯自唐代的古詩運動，同時也深受當時通俗文學的影響〔註2〕；另一方面，它又與文體改革的發展有密切關係〔註3〕。此外，古文運動與墓誌散文化的趨勢亦有關連〔註4〕。至於外在環境的刺激，主要是指安史之亂所造成的危局對知識分子內心的衝擊。在此我們關切的，是此一動亂與古文運動興起的關連。

　　古文運動的先導人物，如蕭穎士（717～759）、李華（715～766）、元結（719～772）等人，皆深受安史之亂的洗禮，對於時代的創傷，感受格外深刻；戰亂的體驗，使得他們極為強調文章在現實層面的功能。蕭穎士在〈贈韋司業書〉即云：

> 丈夫生遇昇平時，自為文儒士，縱不能公卿坐取，助人主視聽，致俗雍熙，遺名竹帛；尚應優遊道術，以名教為己任，著一家之言，垂沮勸之益，此其道也。〔註5〕

他主張文章應有「沮勸之益」，且有助於「名教」；換句話說，依蕭穎士的看法，文章是教化的工具。

　　李華在〈贈禮部鄭尚書清河孝公崔沔集序〉一文，所表現的文章觀念是：

> 文章本乎作者，而哀樂繫乎時；本乎作者，六經之志也；繫乎時者，樂文武而哀幽厲也。立身揚名，有國有家，化人作俗，安危存亡。於是乎觀之，宣於志者曰「言」，飾而成之曰「文」。……夫子之文章，偃商傳焉；偃商歿而孔伋、孟軻作，蓋六經之遺也。屈平、宋玉，哀而傷，靡而不返，六經之道遯矣。論及後世，力是者不能知之；知之者，力或不足，則文義寖以微矣。文顧行，行顧文，此其

〔註2〕詳見錢穆，〈雜論唐代古文運動〉，《中國學術思想史論叢》（四）（臺北：東大，1991年），頁16～19；孫昌武，《唐代文學與佛教》（西安：陝西人民出版社，1985年），頁17～23；陳弱水，〈論中唐古文運動的一個社會文化背景〉，《鄭欽仁教授榮退紀念論文集》（臺北：稻鄉出版社，1999年），頁217～246。

〔註3〕詳見劉國盈，《唐代古文運動論稿》（西安：陝西人民出版社，1984年），頁1～6。亦參見 Yu-shih Chen, "Introduction: The T'ang Ku-wen Movement", *Images and Ideas in Chinese Classical Prose Studies of Four Masters* (Califonia: Stanford Univ. Press), 1988。

〔註4〕盧建榮，《北魏唐宋死亡文化史》（臺北：麥田，2006年），頁37～49。

〔註5〕《全唐文》（北京：中華書局，1983年），卷三二三，頁3275上。

與於古歟！〔註6〕

他強調文章須表現時代以及改造社會的功能，他所謂「化人成俗，安危存亡」，顯然是與安史亂後日趨紊亂的時局有關。

至於元結更是明白表示，其文章的觀念因安史之亂而產生轉變。他在〈文編序〉中，指陳他過去的舊作乃是「優游於林壑，快恨於當世」，「所爲之文，可戒、可勸、可安、可順」；然而，在「更經喪亂」之後，他的文學有觀念有了明顯的變化，他自稱：

> ……所爲之文，多退讓者、多激發者、多嗟恨著、多傷閔者，其意必勸之忠孝，誘以仁惠，急於公直，守其節分。如此，非救世勸之俗所須者歟？〔註7〕

由元結的例子，我們更可清楚看出，喪亂的體驗，激發出他的儒家理念，也因此改變他的文章風貌。

除了上述三人之外，包括賈至（718～768）、獨孤及（725～777）等人，他們皆有類似的思想傾向。這些思想傾向有三方面值得我們一提。其一，儘管他們所作的努力基本上是在文章的寫作上，但他們亦對儒家經典表現出高度的興趣。其二，他們強調儒家價值，特別是有關社會與政治秩序的部分，這些理念不是空言，而是他們應當付諸實踐的。其三，他們的文章觀念涉及兩方面，一是內容，另一是文體；他們提倡寫作文章目的是明道，同時亦反對當時流行的駢體文。〔註8〕

古文運動自然以韓愈（退之，768～824）和柳宗元（子厚，773～819）最具有代表性〔註9〕。古文運動的成員對「文」與「道」的關係，儘管在看法不盡相同，但卻有一個清楚且共同的基本理念，即是文章的寫作應以促進「道」的實現爲目的。柳宗元曾說：「道假辭而明」〔註10〕，又云：「文者以明道」〔註11〕。亦即他的基本見解是文章應爲「明道」而作。在子厚心目中，「文」與「道」的關係有二端，其一，文章是明道的一種有效的工具；其二，

〔註6〕《全唐文》卷三一五，頁 3196 上～下。

〔註7〕《全唐文》卷三八一，頁 3872 下。

〔註8〕詳見 Jo-Shui Chen, *Liu Tsung-Yuan and Intellectual Change in T'ang China, 773~819* (Cambridge Univ. Press, 1992), pp. 26~28。

〔註9〕相關的討論，參見 Yu-shih Chen, *Images and Ideas in Chinese Classical Prose Studies of Four Masters*, 第一、二章。

〔註10〕《柳宗元集》（北京：中華書局，1979 年），〈報崔黯秀才爲文書〉，頁 886。

〔註11〕《柳宗元集》，〈答韋中立論師道書〉，頁 873。

儘管「文」與「道」有密切關係，但兩者並不能等同。〔註12〕

至於韓愈則說：

> 然愈之所志於古者，不惟其辭之好，好其道焉爾。〔註13〕

又云：

> 愈之爲文，豈獨取其句讀不類於今者耶？思古人而不得見，學古道
> 則欲兼通其辭。通其辭者，本志乎古道者也。〔註14〕

至此，古文運動與儒家義理已密不可分。〔註15〕

韓愈與柳宗元之後的世代，以文章作爲明道工具的文學理念，逐漸在古文運動陣營中，讓位於怪奇的寫作主張。這個運動的焦點，似乎已移轉到寫作風格的嘗試上，孫樵即是一個最佳的例子〔註16〕。儘管他們仍聲稱文章的目是爲了明道，但顯然此一主張已不再是古文運動的重心。晚唐的儒家運動已同古文運動愈行愈遠。

要之，古文運動的先驅者，其關切的焦點在於文體的改革，至於韓、柳的世代，儒家的義理與古文運動之間則有極爲緊密的關係，其後「文」與「道」又逐漸分離，直到北宋古文運動興起時，才又產生密切的關連。

第二節　新春秋學

與古文運動的興起相呼應的，是一部分學者以新的態度研究儒家的典籍，使得經學產生變化。《新唐書》曾云：

> 大曆時，（啖）助、（趙）匡、（陸）質以《春秋》，施士丐以《詩》，
> 仲子陵、袁彝、韋彤、韋茝以《禮》，蔡廣成以《易》，強蒙以《論
> 語》，皆自名其學。〔註17〕

〔註12〕 詳見 Jo-Shui Chen, *Liu Tsung-Yuan*, pp. 132~133。

〔註13〕 馬通伯校注，《韓昌黎文集校注》（臺北：華正書局，1986 年），〈答李秀才書〉，頁 102。

〔註14〕 《韓昌黎文集校注》，〈題哀辭後〉，頁 178。

〔註15〕 關於韓愈的文學觀，詳見羅聯添，《韓愈研究》（臺北：臺灣學生書局，1988 年增訂三版），頁 229～237；鄧潭洲，《韓愈研究》（長沙：湖南教育出版社，1991 年），第五章；Charles Hartman, *Han Yu and the T'ang Search for Unity* (Princeton Univ. Press, 1986)，第四章。

〔註16〕 詳見劉國盈，《唐代古文運動論稿》，頁 308～320。

〔註17〕 《新唐書》（臺北：鼎文書局，1985 年四版）卷二〇〇，〈儒學下〉，頁 5707。

這些學者治經，皆有新說，故能「自名其學」。他們以意說經，非僅是明經，其志本志經世。在這些專學中，如欲撥亂反正，當首推春秋學；其中，啖助、趙匡、陸質等人，是其代表性人物。〔註18〕

啖助（叔佐，724～770），關中人。天寶末年，客於江東，因逢安史之亂，寓居於江南，遂以文學入仕，任臺州臨海尉，終於潤州丹陽主簿，任滿後，在家著述。上元辛丑歲（761），正當安史之亂第六年。上一年年底，浙東一帶尚有劉展之亂，侵擾潤州、升州等地〔註19〕。災禍不斷，藩鎮跋扈，這對啖助的春秋思想有直接的影響。趙匡（伯循，fl. 770～780），天水人，曾任宣歙觀察使陳少游的幕僚，官終洋州刺史。他曾詣訪啖助，兩人「深話終義，事多響合」〔註20〕。二人皆北方人，前者因安史之亂而流寓南方，後者則是深受其害，因而對此動亂帶給國家和人民的災難性後果，有深刻的認知。

陸質（伯淳，737～805），吳人，原名淳，避唐憲宗諱，改名為質。他曾師從啖助。啖助死後，伯淳同啖助之子共同整理啖助的遺稿，復以遺稿請教趙匡，最後由陸淳匯整編纂。趙匡充實、發揮了啖助的學說，而啖、趙之學經過陸淳的整理和傳衍之後，逐漸為時人所知。後來，陳少游為淮南節度使時，陸淳入其幕，任淮南從事。唐德宗、順宗年間，他受知於韋執誼，更名為質，稍後參與了所謂的「永貞革新」〔註21〕。啖助一派的學說，因陸質的推廣，受到政治上革新傾向的士人重視，因此該派的思想開始對當政治理念和學術風氣產生鉅大的影響，亦對日後的學術發展，起著重要的作用。〔註22〕

〔註18〕 本田成之，《中國經學史》（臺北：廣文書局，1990年再版），頁234～236。

〔註19〕 詳見《新唐書》，卷一四四，頁4702；《通鑑》，卷二二二，頁7101～7104；C. A. Peterson, "Court and Province in Mid-and late T'ang", in Denis Twitchett ed., *The Cambridge History of China*, vol. 3, Part 1, *Sui and T'ang China, 589~906* (Cambridge: Cambridge Univ. Press, 1979), pp. 464~560。

〔註20〕 詳見《春秋集傳纂例》卷一，〈修傳始末記〉；《新唐書》卷二○○，〈儒學下〉，頁5705～5707。

〔註21〕 關於陸質史書上之記載，見《舊唐書》（臺北：鼎文書局，1985年四版），卷一八九下，〈儒學下〉，頁4977～4978；《新唐書》卷一六八，頁5127～5128。有關「永貞革新」的相關分析，參見Jo-Shui Chen, *Liu Tsung-Yuan*, pp. 66~77。

〔註22〕 以下的討論，很大部分參考了這些著述：劉乾，〈論啖助學派〉，原載《西南師範學院學報》，1984年一期，頁59～71，輯入林慶彰編，《中國經學史論文選集》（上）（臺北：文史哲出版社，1992年），頁678～701；章群，〈啖趙陸三家春秋之說〉，《錢穆先生八十歲紀念論文集》（香港：新亞研究所，1974年），頁149～159；張躍，《唐代後期儒學的新趨向》（臺北：文津出版社，1993年），第二章第三節。

　　以啖助為首的這個新春秋學派，他們的觀點有二方面值得注意。其一，這個學派主張回歸經書，泯除三傳的門戶之見，變「專門」為「通學」，同時強調研究《春秋》最終的目的是探聖人之心。啖助在概述三傳對《春秋》宗旨的詮釋時，曾指出三者認知的差異：《左傳》認為，孔子作《春秋》係鑒於「周德衰，典禮喪」，為了上守周公遺志，下明將來之法，因而假魯史而成文，「考其行事而正其典禮」；《公羊傳》稱《春秋》乃是「黜周王魯，變周之文，從先代之質」；《穀梁傳》則云，《春秋》的目的在於「明黜陟，著勸戒，成天下之事業，定天下之邪正」。〔註23〕

　　然而，「三家之說，其宏意大指，多未之知」〔註24〕，三傳不僅未能掌握聖人的精神，反而造成門戶之見。啖助說：

　　　　先儒各守一傳，互相彈射，仇讎不若。詭辯迂說，附會本學。鱗雜
　　　　米聚，難見易滯。蓋令後人不識宗本，因注迷注，黨於所習。〔註25〕
其流弊是使人們「不復知有《春秋》微旨」。〔註26〕

　　依啖助的看法，《左傳》原為左氏得數國之史，彙整以傳門人。但弟子們因口耳相傳，在傳衍過程中，添加了許多公卿大夫的家傳，以及卜筮縱橫、小說家之言，故失其原意。至於《公羊》和《穀梁》亦為口耳相傳，後人依其大意，將二傳散配於經文，因而產生很多錯誤〔註27〕。趙匡亦指出，三傳的作者俱為孔子的再傳弟子，「公、穀守經，左氏通史」〔註28〕。職是之故，三傳互失經旨，乃無可避免之事。啖助感歎說：

　　　　微言久絕，通儒不作。遺文所存，三傳而已。傳已互失經旨，注又
　　　　不盡傳意，《春秋》之意幾乎泯滅。〔註29〕
為了突破這種墨守章句的學風，以及其伴隨而來的流弊，他們採取的策略是以經駁傳，大膽地懷疑和否定歷代學者對於《春秋》的詮譯。啖助即自稱：

　　　　考究三傳，拾短取長，又集前賢注釋，亦以無意裨補闕漏，商榷得
　　　　失，研精宣暢，期於浹洽。尼父之志，庶幾可見。〔註30〕

〔註23〕均見《春秋啖趙集傳纂例・春秋宗指議第一》。
〔註24〕《春秋啖趙集傳纂例・趙氏損益義第五》。
〔註25〕《春秋啖趙集傳纂例・啖氏集傳集注義第三》。
〔註26〕同註25。
〔註27〕《春秋啖趙集傳纂例・啖氏集傳集注義第一》。
〔註28〕《春秋啖趙集傳纂例・趙氏損益義第五》。
〔註29〕《春秋啖趙集傳纂例・啖氏集傳集注義第一》。
〔註30〕《春秋啖趙集傳纂例・啖氏集傳集注義第三》。

顯然，他們的態度是，在否定三傳作爲經典的神聖性之餘，依自己的理解且吸收前賢注釋之長，重新闡發孔子的思想。

此外，新春秋學派強調研究《春秋》與一般史書不同，它「雖因舊史，酌以聖心；撥亂反正，歸諸王道」〔註31〕。趙匡亦云，《春秋》是「因史制經，以明王道」〔註32〕。因此，面對《春秋》不能像閱讀其他史書一般，將重心放在了解史實上，而應將注意力集中在理解《春秋》的微言大義。以這樣的認識出發，《左傳》的意理顯然不及《公羊》和《穀梁》，畢竟《左傳》是史，而《公羊》、《穀梁》係「子夏所傳」，因此在解經方面，密於左氏〔註33〕。趙匡亦認爲，「左氏解經，淺於公、穀」。〔註34〕

啖助一派的這些議論，主要是希望引導人們跨過三傳，直探本經的大義。因三傳各有其長，但亦互失經旨，爲了掌握孔子的微言大義，唯有回歸《春秋》本身，才能「撥亂反正，歸諸王道」。

其二，探討《春秋》的現實目的在於重整政治秩序，尋求撥亂反治之道。《孟子‧滕文公下》云：

> 世衰道微，邪說暴行有作。臣弒其君者有之，子弒其父者有之。孔子懼，作《春秋》。

同書〈離婁下〉又云：

> 王者之跡熄而《詩》亡，《詩》亡然後《春秋》作。晉之《乘》、楚之《檮杌》，魯之《春秋》一也。其事則齊桓、晉文，其文則史，孔子曰：「其義則丘竊取之矣」。

引文中指出，孔子作《春秋》，有感於「世衰道微」而發，爲了匡時濟世，孔子乃擇取魯之《春秋》，對其所載之史事加以褒貶。既然「其義則丘竊取之」，可知《春秋》中的微言大義非魯史所有，而是孔子的政治見解，後世的知識分子大體接受這樣的提法，啖、趙等人亦不例外，也因此，他們的著作表現出強烈的時代感。

啖助在論及孔子救世之心時，他說：

> 夫子之志，冀行道以拯生靈也。故歷國應聘，希遇賢王，及麟出見

〔註31〕《春秋啖趙集傳纂例‧春秋宗指議第一》。
〔註32〕《春秋啖趙集傳纂例‧趙氏損益義第五》。
〔註33〕《春秋啖趙集傳纂例‧三傳得失議第二》。
〔註34〕《春秋啖趙集傳纂例‧趙氏損益義第五》。

傷，知爲哲人其萎之象。悲大道不行，將託文以見意，雖有其德，

而無其位。不作禮樂，乃修《春秋》，爲後王法。〔註35〕

亦即孔子寓其志於《春秋》，其不僅爲社會與政治行爲的指導原則，亦是撥亂反治之道。「夫子之志」，也是他的心志，因此，啖助一派在發揮《春秋》大義之時，往往針對時局而發。啖助曰：

夫子傷主之威不行，下同列國，首正以大一統，先王人以黜諸侯，

不書戰以示莫敵，稱天王以表無二尊。唯王爲大，邈矣崇高。〔註36〕

趙匡亦云：

問者曰：「然則《春秋》救世之宗指安在？」答曰：「在尊王室，正

陵僭，舉三綱，提五常，彰善癉惡，不失纖介，如斯而已。」〔註37〕

啖、趙等人講述這些觀點時，藩鎮割據的形勢已形成，他們強調尊王室，盡忠道，用意皆是拯衰起弊，重整當時的政治秩序。這一點在對三傳取捨的態度上，表現得尤爲明顯。如三傳「繁碎委巷之談，調戲浮侈之言」，「其辭理害教」者，「皆不錄」。如《左傳》「說事跡，雖與經相符，而無益於教者，則不錄」；反之，「無經之傳，其有因會盟、戰伐等事而說忠臣義士，及有讜言嘉謀與經相接者，即略取其要」〔註38〕。他們的作法不祇有其現實目的，且亦符合孔子以《春秋》來進行政治說教、爲後王立法的本意。

最後，我們再舉趙匡的一段話，他說：

《春秋》紀兵曷無曲直之辭與？曰：「兵者，殘殺之道，滅亡之由也，

故王者制之。王政既替，諸侯專恣，於是仇黨構而戰爭興矣。爲利

爲怨，王度滅矣，故《春秋》紀師無曲直之異，一其罪也。」〔註39〕

他一進步說「一其罪也」的理由，是因「不一之，則禍亂之門闢矣」；換句話說，一分「曲直」，諸侯便可以己爲直，以仇爲曲，借口興師，攻伐便無休止之時；甚至，他對諸侯的擴軍也是大力反對的〔註40〕。這都表明，如何整頓當時藩鎮割據的形勢，尋求撥亂反治之道，是新春秋學派現實上最關切的焦點。

〔註35〕《春秋啖趙集傳纂例·春秋宗指議第一》。

〔註36〕同註35。

〔註37〕《春秋啖趙集傳纂例·趙氏損益義第五》。

〔註38〕《春秋啖趙集傳纂例·啖趙取舍三傳義例》。

〔註39〕《春秋啖趙集傳纂例·用兵例》。

〔註40〕同註39。

　　值得注意的是，中唐時期的春秋學研究，其所採用的新研究取向，並非全然受啖助一派的影響；例如，劉軻似乎同新春秋學派無直接的關連，他曾謂其有關《春秋》的知識來自二位非啖助一派的學者。這顯示新春秋學風氣有不同的來源，它亦呈現不同背景的知識分子對變遷中的知識氛圍的一種回應。同時，我們亦發現，九世紀期間，很多投身研究《春秋》的士人，不再是傳統意義上的經學家，而是一般的文人。事實上，這反映了一股漸增的趨勢：儘管唐代的儒家復興由文人構成，但他們逐漸不滿祇以文學的手段從事思想的復興，而是希望以更直接的方式，促成儒家的理想。在這個趨勢中，《春秋》顯然是一個重要的選項。參與儒家復興的知識分子，他們的文人特質被轉化了，同樣地，他們從事研究《春秋》時，亦有助於轉化原有的舊傳統。〔註41〕

　　儒家復興原先是伴隨著古文運動和新春秋學風而來，然而，通過中唐知識分子不斷對儒家理念反思和提倡，這股復興的風潮，轉而成為思想運動。在這群中唐儒家知識分子的手中，儒家的思想傳統被賦予新的活力；他們的努力，為北宋儒學運動的興起，創造了思想條件。皮日休雖未能親逢中唐儒家復興的盛況，但他自覺地承繼了中唐儒家復興的思想遺產。他踵著韓愈的足跡，在晚唐高舉儒家的旗幟，繼續暢發儒家的主張與精神。

〔註41〕詳見 Jo-Shui Chen, *Liu Tsung-Yuan*, pp. 143~144。

第二章　早年生活

　　與盛唐、中唐比較起來，晚唐在思想與文學上的表現，氣勢較弱，格局也較小；沒有群星所拱之明月，有的祇是散落的小星各居一隅，發出微弱的光。套句魯迅的話，這些星光不過是「一蹋糊塗的泥塘裡的光彩與鋒芒」〔註 1〕，而這正是皮日休在晚唐的角色。

　　皮日休，先字逸少，後字襲美，自號鹿門子，又號醉吟先生、間氣布衣，有時亦戲稱自己「醉士」、「醉民」〔註 2〕。他對杜甫和白居易甚為景仰，杜甫字「子美」，日休則以「襲美」為字，頗有繼承子美的儒家淑世濟民精神之意，同時，他對杜甫的詩歌造詣亦推崇備至，他說：

　　　　明皇世，章句之風，大得建安體。論者推李翰林、杜工部為之尤。
　　　　〔註 3〕

又云：

　　　　狀與子美思，不盡如轉轂。縱為三十車，一字不可捐。既作風雅主，
　　　　遂司歌詠權。〔註 4〕

白居易（樂天，772～846）號「醉吟先生」，日休亦以之為號，他對樂天亦甚

〔註 1〕魯迅的話出自〈小品文的危機〉，該文參見《魯迅全集》第四卷（臺北：谷風出版社，1989 年），頁 570～573。

〔註 2〕孫映逵，《唐才子傳校注》（北京：中國社會科學出版社，1991 年），頁 763；孫光憲，《北夢瑣言》卷二，〈皮日休獻書〉，卷七〈間氣布衣〉與〈李滾行文卷〉；《唐詩紀事校箋》卷六十四；《皮子文藪》（上海：上海古籍出版社，1981 年），卷六，〈酒箴〉，頁 59。

〔註 3〕《皮子文藪》卷七，〈郢州孟亭記〉，頁 70。

〔註 4〕《松陵集》卷一，〈魯望昨以五百言見貽，過有襃美，內揣庸陋，彌增愧悚，因成一千言，上述吾唐文物之盛，次敘相得之歡，亦迭和之微旨也〉，頁 5b。

爲推崇，〈七愛詩序〉即指出：「爲名臣者，必有眞才，以白太傅爲眞才焉。」
〔註5〕而〈白太傅〉詩云：

　　吾愛白樂天，逸才生自然。誰謂辭翰器，乃是經綸賢。〔註6〕

襲美早年的詩歌創作，昂揚著諷諭精神，在這方面很明顯是受到樂天的影
響。〔註7〕

第一節　世　系

　　皮日休出生於復州竟陵（今湖北天門縣），後隱於襄州襄陽（今湖北湘樊
市）的鹿門山，乃自稱襄陽人，爲晚唐頗負盛名之詩人。日休既然出生於復
州竟陵，何以自稱襄陽人呢？這一點須略加說明。襲美在〈皮子世錄〉一文
云：

　　時日休之世，以遠祖襄陽太守子孫，因家襄陽之竟陵，世世爲襄陽人。

　　自有唐以來，或農竟陵，或隱鹿門，皆不拘冠冕，以至皮子。〔註8〕

引文中已指出，他「家」是在竟陵。〈送從弟歸復州〉詩云：「羨爾優游正少
年，竟陵煙月似吳天。……慇勤莫笑襄陽住，爲愛南溪縮頭鯿。」〔註9〕亦即
襄陽祇是「住」而非「家」。又，〈魯望昨以五百言見貽，過有褒美，內揣庸
陋，彌增愧悚，因成一千言，上述吾唐文物之盛，次敘相得之歡，亦述和之
微旨也〉，詩中有「粵予何爲者，生自江海濡」、「攜將入蘇嶺（自注：鹿門別
名），不就無出緣」之語〔註10〕。由上觀之，可知日休生於復州竟陵，其本業
亦在竟陵，襄陽鹿門乃其隱居讀書之處所。惟日休的幼年生活頗不愉快（稍
後下文會述及），且其往後生涯之開展始自襄陽，加之其遠祖曾爲襄陽太守，
襄陽乃成其心歸屬所在，因而自稱襄陽人。〔註11〕

〔註5〕《文藪》，頁104。

〔註6〕《文藪》，頁106。

〔註7〕關於白居易的詩歌對晚唐的影響，參見彭安湘，《白居易研究新探》（重慶：
　　　　西南師範大學出版社，1989年），頁284～287。

〔註8〕《文藪》，〈皮子世錄〉，頁117。

〔註9〕《文藪》卷十，〈送從弟歸復州〉，頁115～116。

〔註10〕《松陵集》卷一，〈魯望昨以五百言見貽，過有褒美，內揣庸陋，彌增愧悚，
　　　　因成一千言，上述吾唐文物之盛，次敘相得之歡，亦述和之微旨也〉，頁6a。

〔註11〕關於皮日休籍貫的詳細考辨，參見郭義淦、郭義濤，〈皮日休籍貫考〉，《武漢
　　　　師範學院學報》，1984年五期，頁115～122。

　　新舊《唐書》並未爲皮日休立傳，相關記載亦甚爲零碎，致使他的生平與世系我們所知有限〔註12〕。然而，他的生平與世系是我們掌握其文化與社會背景的重要依據，因此，我們將試著對此加以重新建構，以了解他的生活和他所處的時代。

　　關於日休的世系，僅有〈皮子世錄〉中曾加以簡略的勾勒，儘管通過其文中的追溯，我們祇能窺其大要，然而，由於相關資料缺乏，該文便成爲我們考察其世系的重要線索。以下的敘述主要根據〈皮子世錄〉中的自述，其所提及之先世如有相關記載則略加補充。

　　依日休的追溯，其先世發源於鄭，係鄭公之苗裔，鄭國大夫子皮之後。《左傳》曾謂，子皮是當時著名的賢士，曾以每戶一鍾粟，賑鄭國之饑荒，因而甚得民心；且能慧眼識人，薦子產執政，使得鄭國大蒙其利。子皮因功得以以其字別爲一族，此殆爲皮氏之起源。〔註13〕

　　戰國至秦這段期間無可道者。漢以降，日休的先世英雄俊彥間出。

　　西漢時有皮容，容曾從師滿昌學齊詩，官至大夫，徒眾頗盛〔註14〕。東漢時的皮巡，曾任太醫令。西晉末的皮初，劉宏用其爲都戰帥，因破張昌有功，宏薦之爲襄陽太守〔註15〕，此後皮氏家族便定居在襄陽竟陵；另有皮京爲賢處士。劉宋時的皮熙祖，曾與徐廣論議過，可能是當時之名士。前秦時的皮審，曾在苻堅麾下任侍郎一職。

　　北魏至隋這個階段，皮氏家族出了不少名將。

　　北魏時皮豹子（？～464），少有武略，後任多項官職，進爵淮陽公，因曾屢建戰功，身後高宗贈淮陽王，諡曰襄，賜命服一襲；其子皮道明襲爵，道明八弟皮喜（？～483）曾任散騎常侍、安南將軍、仇池鎮將；另有皮慶賓爲魏淮南王開府中兵參軍事。慶賓子皮景和（？～575）於北齊時曾任尚書令，封西河郡開國公。景和子皮子信（？～ca. 590）機悟有風神，微涉書傳，隋時

〔註12〕 韋莊於光化三年（900）編《又玄集》時，不輯皮、陸之詩；稍後，韋縠編《才調集》，雖收陸龜蒙詩，但亦不錄日休詩，而龜蒙的詩題有「和襲美」者俱被改成「和人」，這類的現象在當時的文人中應相當普遍。日休正史無傳，其部分原因殆係其「從賊」之故。

〔註13〕 參見《左傳》「襄公三十年」與「隱公八年」部分。

〔註14〕 《漢書》（臺北：鼎文書局，1986年六版），卷八十八，〈儒林傳〉五十八，頁3613；和珅等撰，《大清一統志》（臺北：臺灣商務印書館，1983年），卷一三六，〈青府州〉，頁662。

〔註15〕 《大清一統志》卷二七一，〈襄陽府〉，頁285。

為洮州刺史；子信弟宿達有才藻檢行，為通事舍人。〔註16〕

但是，皮氏家族到了唐朝之時，誠如日休所言，已是「汨汨於民間，無能以文取位」。較顯赫足以稱道者，祇有日休的從祖皮瑕叔，舉進士有名，後累官至刺史〔註17〕；從父皮行修明經及第，累官至項城令。皮氏家族或耕於竟陵，或隱居於鹿門。〔註18〕

然而，〈皮子世錄〉中的說詞恐怕有不少是屬門面話，不盡然可靠，其中部分的陳述，或許祇能視之為皮姓人士在歷史上的表現，不見得有血緣關係。日休的先世較為可信的，殆係西晉末曾任襄陽太守的皮初，以及入唐後的皮瑕叔和皮行修。由於皮氏家族入唐以後，在科舉的表現乏善可陳，因此其族人在仕途上也就不出色。

皮氏家族雖然在仕途上不順遂，但到了皮日休之時，家族尚維持不錯的經濟狀況。日休有詩〈蚊子〉云：

> 隱隱聚若雷，嘬膚不知足。……貧士無絳紗，忍苦臥茅屋。何事覓膏腴，腹無太倉粟。〔註19〕

又〈鹿門夏日〉詩曰：

> 身外所勞者，飲食須自持。何如便絕粒，直使身無為。〔註20〕

另一首詩〈貧居秋日〉則說：

> 貧家煙爨稀，灶底陰蟲語。門小愧車馬，廩空慚雀鼠。盡室未寒衣，機聲羨鄰女。〔註21〕

〔註16〕 分見《魏書》（臺北：鼎文書局，1987 年五版），卷五十一，〈皮豹子傳〉，頁 1129～1134；《北史》（臺北：鼎文書局，1985 年四版），卷三十七，〈皮豹子傳〉，頁 1351～1353；鄭樵，《通志》（杭州：浙江古籍出版社，1988 年），卷一四九；《北齊書》（臺北：鼎文書局，1987 年五版），卷四十一，〈皮景和傳〉，頁 536～539。

〔註17〕 尚書盧弘宣聞其弟告知，皮瑕叔任蜀中刺史，「不知皮是瑕叔姓，謂是宗人，低頭久之曰：『我彌當家，沒處得盧皮瑕來。』」此事傳為笑談。見趙璘，《因話錄》（上海：上海古籍出版社，1979 年），卷四，頁 79；王讜，《唐語林校注》（北京：中華書局，1987 年），卷六，頁 607。可見日休稱其有名，當是溢美之辭。

〔註18〕 鹿門山位於今湖北襄陽縣境，依《大清一統志》卷三四六，〈襄陽府·山川〉記載：漢代建武中，襄陽侯習郁立神廟於山，刻二石鹿，夾神廟道口，稱之為鹿門廟，因而以此為山名。

〔註19〕 《文藪》，頁 112。

〔註20〕 《文藪》，頁 113。

〔註21〕 《文藪》，頁 113～114。

有論者據這些詩謂其出身貧寒，這與實情不符〔註22〕。事實上，日休於復州竟陵有家業，在襄陽有隱居處所，此外，他於壽州東亦有別墅，其出身當爲地主階級。這些嘆貧的文字，祇是爲了顯示自己高雅，而非實際處境的寫照。

第二節　生平與童年

　　皮日休的生年因相關記載的缺乏，目前我們僅能就隻言片語，推論出約略的時間。日休的詩文中，我們可據之爲生年的資料僅二處：一是〈文中子碑〉，另一是〈庚寅歲十一月，新羅弘惠上人與本國同書請日休爲靈鷲山周禪師碑，將還，以詩送之〉。聞一多的《唐詩大系》將皮日休的生年繫於西元833年，今人多沿此說；然而，其根據爲何我們並不清楚，大概是依〈文中子碑〉的記載，因該文提及「後先生二百五十餘歲，生曰皮日休」〔註23〕。文中子王通生於隋文帝開皇四年（584），以此推論，日休生年約在西元834年之後，亦即唐文宗太和八年之後的幾年間。此外，依日休〈庚寅歲十一月，新羅弘惠上人與本國同書請日休爲靈鷲山周禪師碑，將還，以詩送之〉中云：「三十麻衣弄諸禽，豈知名字徹雞林。」〔註24〕詩題之庚寅歲即咸通十一年（870），時值日休入幕於崔璞蘇州軍事院，尚未釋褐掛朝籍，因而有「麻衣」語。「三十」是否爲虛舉成數，我們不得而知，如據此逆推，則日休之生年當在文宗開成五年（840）前後，晚於王通二百五十六年左右，大體合於〈文中子碑〉中之說詞。在此，我們將皮日休的生年繫於此年。

　　皮日休的童年在復州的竟陵渡過。從他出身的世系來看，儘管先世在唐代官場科名上表現不出色，但家境不錯，仍然維持一定的產業。日休曾云：「余爲童在鄉校時，簡上抄杜舍人《牧之集》，見有與進士嚴惲詩。」〔註25〕陸龜蒙寄給日休的詩，有「嘗聞兒童歲，嬉戲陳俎豆」之語〔註26〕，而日休另有詩云：

　　　伊余幼且賤，所稟自以殊。弱歲謬知道，有心匡皇符。意超海上鷹，

〔註22〕繆鉞，〈再論皮日休參加黃巢起義軍的問題〉，輯入人民文學出版社編，《唐詩研究論文集》（北京：人民文學出版社，1959年），頁391～395；蕭滌非，〈論有關皮日休諸問題〉，《唐詩研究論文集》，頁402。

〔註23〕《文藪》，頁35。

〔註24〕《松陵集》卷八，頁13a。

〔註25〕《松陵集》卷八，〈傷進士嚴子重詩序〉，頁3a。

〔註26〕《松陵集》卷一，〈讀襄陽者舊傳因作詩五百言寄皮襲美〉，頁1b。

運蹄轅下駒。縱性作古文，所爲皆自如。〔註27〕

由此可知皮日休在幼年時曾入鄉校就讀，接觸儒家典籍甚早；且胸懷大志，以唐代名相房玄齡、杜如晦爲效法對象，他在〈房杜二相國〉詩云：「粤吾少有志，敢躡前賢路。苟得同其時，願爲執鞭豎。」〔註28〕因此，襲美「駿駿自總角，不甘耕一廛」〔註29〕，隨著年紀的增長，他逐漸不願一輩子從事這種躬耕的生活。但這種態度卻使得他與諸兄之間發生了嚴重的爭執。他隱於鹿門時之詩作曾云：

> 夢裡憂身泣，覺來衣尚濕。骨肉煎我心，不是謀生急。如何欲佐主，
> 功名未成立。處世既孤特，傳家無承襲。明朝走梁楚，步步出門澀。
> 如何一寸心，千愁萬愁入？〔註30〕

居吳中時，提及這一段生活，亦不忘指出「諸昆指倉庫，謂我死道邊」的惡罵〔註31〕，顯然日休對此事一直是耿耿於懷的。

在此，我們順帶談一下日休的性格。《北夢瑣言》載：「皮日休後爲湖軍倅，亦甚傲誕，自號『間氣布衣』」。「間氣」乃古代讖諱之說，認爲帝王臣民各受五行之氣所生，「正氣爲帝，間氣爲臣」〔註32〕，以「間氣布衣」爲號，亦可知其自視甚高。另一方面，日休爲人輕脫，行徑任誕，唐末五代諸家筆記凡言及日休者，往往對此頗有微詞〔註33〕，而日休對自己「處世既孤特」亦有自知之明。在家庭生活中，這種性格自然會加劇兄弟之間的摩擦。這次的爭執可能使得兄弟析產，所以日休能夠「以山稅之餘，繼日而釀，終年荒醉」〔註34〕，而未遭諸兄干涉，且得以此作爲隱居之資，過著獨立自主的生活。

〔註27〕 《松陵集》卷二，〈奉酬崔璐進士見寄次韻〉，頁14b。
〔註28〕 《文藪》，頁104。
〔註29〕 《松陵集》卷一，〈魯望作以五百言見貽，過有襃美，內揣庸陋，彌增愧悚，因成一千言，上述吾唐文物之盛，次敘相得之歡，亦迭和之微旨也〉，頁6a～7a。
〔註30〕 《文藪》，〈秋夜有懷〉，頁112。
〔註31〕 《松陵集》卷一，〈魯望作以五百言見貽，過有襃美，內揣庸陋，彌增愧悚，因成一千言，上述吾唐文物之盛，次敘相得之歡，亦迭和之微旨也〉，頁6a。
〔註32〕 李昉等編，《太平御覽》卷三○六，〈春秋演孔圖〉。
〔註33〕 參見鄭文寶，《江南餘載》；皇甫枚，《山水小牘》；李昉等編，《太平廣記》（北京：中華書局，1981年二刷），卷二五七，頁1999～2000等等。
〔註34〕 《文藪》，〈酒箴序〉，頁59。

第三節　鹿門隱讀

鹿門山位於襄陽，詩人孟浩然（689？～740）在皮日休之前曾隱於此，年至四十方至京師，有〈夜歸鹿門歌〉〔註35〕。宣宗大中十一年（857），襲美攜帶著千百編的圖籍，前往鹿門山，開始他的隱讀生活〔註36〕。他下定決心，讀書若無成即不出鹿門山。除了鹿門之外，日休在洄湖、峴山一帶尚擁有一處隱居住所，其活動的範圍主要在鹿門、洄湖等處〔註37〕。這一段隱讀生活，持續了五年。

這五年生活中皮日休孜孜不倦，對科舉考試的科目漸漸精專：

堆書塞低屋，添硯涸小泉。對燈任髻蕊，憑案從肘研。苟無切玉刀，

難除指上胼。爾來五寒暑，試藝稱精專。〔註38〕

同時對韓愈的傾心，也在此階段表露出來：

昌黎道未著，文教如欲騫。其中有聲病，於我如誕鼉。是敢驅頹波，

歸之於大川。其文如可用，不敢佞與諛。〔註39〕

其後具體形諸文字的則是〈請韓文公配饗太學書〉。其〈讀書〉一詩亦有「高齋曉開卷，獨共聖人語。英賢雖異世，自古心相許」之語〔註40〕。這段期間的勤讀，對皮日休日後思想的開展，起著一定的作用。

懿宗咸通元年（860）前後〔註41〕，隱於鹿門的皮日休聲名漸著，使他受到當地官員的注意。日休〈酒箴序〉云：「襄陽元侯聞醉士、醉民之稱也，訂皮子曰……」。〈食箴序〉亦云：「有鄧邑大夫饗皮子之名，曾未相贄，具厚羞以賓之。」〔註42〕鄧邑大夫所指不詳，而襄陽元侯則指山南東道節度使，駐

〔註35〕關於中國隱士的起源、類型及地域分佈可參見蔣星煜，《中國隱士與中國文化》（上海：中華書局，1947年再版）。

〔註36〕《松陵集》卷一，〈魯望作以五百言見貽，過有褒美，內揣庸陋，彌增愧悚，因成一千言，上述吾唐文物之盛，次敘相得之歡，亦迭和之微旨也〉，頁6a～7a。關於大中十一年，是依沈開生的說法，參見氏著，〈皮日休繫年考辨〉，收入《研究生論文集・中國古代文學分冊》（南京：江蘇人民出版社，1983年），頁166。

〔註37〕參見沈開生，〈皮日休繫年考辨〉，頁167。

〔註38〕《松陵集》卷一，〈魯望作以五百言見貽，過有褒美，內揣庸陋，彌增愧悚，因成一千言，上述吾唐文物之盛，次敘相得之歡，亦迭和之微旨也〉，頁6a～7a。

〔註39〕同註38。

〔註40〕《文藪》，頁113。

〔註41〕參見沈開生，〈皮日休繫年考辨〉，頁167。

〔註42〕《文藪》，頁59～60。

節地在襄陽，應爲徐商或蔣係其中一者〔註43〕。日休次年能結識自江西赴京就任戶部侍郎的裴寅，可能與這些地方官員的引薦有關。

日休有詩〈陪江西裴公游襄州延慶寺〉：

> 丹霄路上歇征輪，勝地偷閒一日身。不署前驅驚野鳥，唯將後乘載詩人。巖邊候吏雲遮卻，竹下朝衣露滴新。更向碧山深處問，不妨猶有草茅臣。〔註44〕

此江西裴公即爲裴寅〔註45〕，時值裴寅自江西赴京就任戶部侍郎，殆係途經襄陽而有此詩。次年，日休入京師應舉，很多人攻擊其「受今小司徒河東公知素矣」，「賴其知，欲一舉於有司」云云〔註46〕。由此觀之，日休與裴寅之關係當建立於此時。

另一股有助皮日休日後科舉考試的奧援，是裴坦及其兄裴謨。裴坦於咸通三年（862）任江西觀察使一職，日休與坦之結識殆係本年，或稍早坦由京師赴江西職，行經襄陽之時。日休有〈奉獻致政裴秘監〉之詩〔註47〕，依岑仲勉先生之考辨，此裴秘監乃裴坦之兄裴謨，當時隨坦同在江西〔註48〕。日休與裴氏兄弟結識當在同時。此後，裴坦在江西觀察使任內，日休每年皆前往江西。即便日休寓居吳中時，亦有〈吳中書事，寄漢南裴尚書〉之詩，末句云：「唯望舊知憐此意，得爲儉鬼也逍遙」，既稱裴坦爲「舊知」，可見其交情匪淺，且一直未間斷。〔註49〕

第四節　尋求仕進

咸通三年（862），「日休自布衣，受九江之薦，與計偕」〔註50〕，九江（江州）乃江西觀察使屬州，日休獲解自與裴坦有關。然而，日休係襄陽人，他

〔註43〕參見郁賢皓，《唐刺史考》（南京：江蘇古籍出版社，1987年），頁2281～2282。
〔註44〕《文藪》，頁115。
〔註45〕詳細考辨，參見沈開生，〈皮日休繫年考辨〉，頁167～168。
〔註46〕《文藪》，〈內辨〉，頁83。
〔註47〕《文藪》，頁111～112。
〔註48〕參見岑仲勉，〈唐方鎮年表正補〉，《歷史語言研究所集刊》第十五本，1948年。
〔註49〕《松陵集》卷七，頁11a～b。《松陵集》中所輯之詩，撰於咸通十一至十二年（870～871），時值裴坦在山南東道節度使任上。
〔註50〕《文藪》，〈內辨〉，頁83。

前往江西取解，乃因唐代的鄉貢制度使然。唐代應科舉試之舉人有兩種來源，一爲生徒，一爲鄉貢。所謂的生徒是指，中央和地方的各類學館出身，通過規定的學科考試，選拔到尙書省的舉人，「由學館者，曰生徒，由州縣者，曰鄉貢」〔註51〕。學校與鄉貢的地位輕重，在唐代前後期亦有明顯變化。《唐摭言》云：「開元以前，進士不由兩監者，深以爲恥。」兩監指「西監」和「東監」，西監是西京長安的國子監，東監是東都洛陽的國子監。「永徽之後，以文儒亨達，不由兩監者稀矣。於是場籍，先兩監而後鄉貢」〔註52〕。由此可知，開元時期以前的科舉是以學校出身的舉人爲主流。

　　天寶以後，唐代社會產生激烈變動。隨著土地兼併的加劇，破壞了均田制，而以均田制爲基礎，兵農合一的府兵制，也逐步被募兵制取代。同時，租庸調法漸漸無法貫徹施實，降至中唐遂代之兩稅法。加之，對外爭戰與內亂，這都促成了人口的流動。社會的擾動與不安，使得政府缺乏充足的經費支持官學，不少學校徒具形式，且素質參差不齊〔註53〕。反觀，中唐以降，長江流域與兩廣、福建一帶，經濟發展有了長足的進步。這些區域的文人缺乏就讀兩都國子監之資格，但又希冀以科學晉身仕階，因而唯有以鄉貢之途徑行之。在如是歷史局勢的推移下，鄉貢重於國立學校的趨勢逐漸形成。往後至唐末，登第者也以鄉貢爲主流，不復變動。

　　至於士人是否必須還本籍應鄉試，這一點似乎沒有明確規定。初唐、中唐都有本州舉送的例子〔註54〕，但中唐以後的材料有更多的記載指出，士人不限於本州舉送，而可至他州應試入舉，如白居易、沈亞之（fl. ca. 810～830）、張籍（766～ca. 830）等人都是例子〔註55〕。晚唐時社會動盪，人口流動頻繁，

〔註51〕《新唐書》卷四十四，〈選舉志上〉，頁1159。

〔註52〕王保定，《唐摭言》卷一，〈兩監〉及〈進士歸禮部〉。

〔註53〕李絳，〈請崇國學疏〉云：「頃自羯胡亂華，乘輿避狄，中夏凋耗，生人流離，需碩解散，國學毀廢，生徒無鼓篋之志，博士有倚席之譏，馬廄圜疏，殆恐及此。」參見《全唐文》卷六四五，頁6530上。另，《資治通鑑》永泰元年（765）亦載：「自安史之亂，國子監室堂頹壞，軍士多借居之。」其情況可見一般。參見《通鑑》卷二二四，〈唐紀四十〉，頁7188。

〔註54〕《舊唐書・郝處俊傳》云：「郝處俊，安州安陸人也。……貞觀中，本州舉進士……」，此初唐的例子，參見《舊唐書》卷八十四，頁2797。孟郊爲湖州武康人，其有〈湖州取解述情〉之詩，可知其爲本州舉送，此爲中唐之例子，參見孟郊，《孟東野詩集》（北京：人民文學出版社，1959年），卷三。

〔註55〕詳見傅璇琮，《唐代科舉與文學》（臺北：文史哲出版社，1994年），頁57～58。

士人自他州取解的狀況更為普遍，因此皮日休至江西取解，這在當時一點也不突兀。這種狀況與宋代的情形是大不相同的。〔註56〕

這一年十月，由江州解送，初次入京應舉〔註57〕。但此次入京顯然不順利，皮日休受困於諸多蜚言流語，不得不作〈內辨〉加以廓清：

> 日休自布衣，受九江之薦，與計偕，寓止永崇里。居浹旬，有來候者曰：「子幾退于有司，幾執于執事，其譽與名，曄曄于京師矣。至是也者，孰自？」曰：偶與計偕者，曾未識咸陽城闕。所贄者，未及卿相之門；所趨者，未入勢利之地。其譽與名，反不知其矣。」曰：「聞子受今小司徒河東公知素矣。公當時之望，溟渤於文場，嵩、華於朝右，子之上第，不足憑他門。」曰：「公之為前達接後進，今人之中古人也。愚欲自知其道，干之以其文，以名臣之威，絀賤士之禮，其為知，大矣。所謂干之以其道，知之亦以其道，遇其人則宣之於口，不遇其人則貯之於心，非佞傳媚說者也。」或者不懌而退。〔註58〕

隔日，又有人問他：「喋喋之人，謂子賴其所知，欲一舉於有司。信哉？」日休力辯他早有「一、二十舉於有司」之準備，所有蜚語全都是「謗」，殆係「處勢而然」。皮日休作〈內辨〉的用意當然是為弭謗，但這篇文章透露了幾點有趣的訊息，值得我們加以分析。

其一，咸通元年（859）裴坦知貢舉，非法予以令狐滈及第，且所取「皆名臣子弟，言無實才」，此舉受到社會輿論的非議。咸通元年至四年，諫議大夫崔瑄以及劉蛻、張雲等人彈劾令狐滈，其鵠的當然是令狐綯（ca. 803～880）。

〔註56〕《宋史》，曾記載真宗景德四年（1007），制定〈考校進士程式〉，交付各地實行，其中規定「士不還鄉里，而竊戶他州以應選者，嚴其法」。參見《宋史》（臺北：鼎文書局，1983年三版），卷一五五，〈選舉一〉，頁3610。

〔註57〕《唐摭言》卷一，〈統序科第〉云：「唐制諸州鄉貢進士每年十月隨物入貢。」另亦可參見傅璇琮，《唐代科舉與文學》，頁52～54。王溥，《唐會要》（北京：中華書局，1990年），卷七十七載：「咸通四年二月，進士皮日休上疏，〈請以孟子學科書〉、〈請韓文公配饗太學書〉……疏奏不答。」皮日休作於咸通四年秋的〈白門表〉，云：「幸以文貢，而未得入上言列，固不合陳便宜事。」「幸以文貢」指上疏二書，「未得入上言列」是因疏奏不答，所述之事相符，因此咸通四年上疏一事當屬實。參見《文藪》卷七，頁69。〈內辨〉有「曾未識咸陽城闕」之語，可知其初次入京，依時間逆推，當在前一年十月，即咸通三年十月。參見《文藪》卷八，頁83。

〔註58〕《文藪》卷八，頁83～84。

儘管令狐綯「累表自雪」，懿宗「重傷大臣意」，事件最後以降職幾名參與彈
劾的官員作收尾，但令狐滈終因爲眾所非，致使宦名不達〔註59〕。可見當時
的社會輿論應是不利於令狐綯一派。皮日休受薦於裴坦，又受知於裴寅，在
政治派系上當是親令狐綯一派，其之所以獲謗，與當時的政治氣氛不無關係。

　　其二，皮日休與裴坦、裴寅的關係亦啓人疑竇。裴寅是宰相裴遵慶之
子，裴坦後亦入相〔註60〕，二裴的家世在有唐一代是極其顯赫，況且唐重門
第，何以對出身寒素的皮日休如此青睞，這點頗令人費解。上述裴坦知貢舉
時，所取「皆名臣子弟，言無實才」，而《玉泉子》亦記載，裴坦知貢舉時，
名單由他的二個兒子在家中擬定，此事爲一老僧所挾，終以贈老僧同鄉翁彥
樞第八名及第作結。裴寅史傳記載甚少，但亦不聞其有禮賢下士之舉。因此，
如說二裴愛才，這種說法顯然不能成立。皮日休力辨自己「所贄者，未及卿
相之門；所趨者，未入勢利之地」，與裴寅的關係僅是「干之以其道，知之亦
以其道」，其內情恐怕沒有這些門面話那麼單純，這可能也是他受謗的原因之
一。

　　其三，中晚唐科舉考試的競爭愈加激烈，封演曾說：「士子殷勤，每歲士
子到省者常不減千餘人，在館諸生更相造詣，互結朋黨，以相漁奪，號之爲
棚，推聲望者爲棚頭，權門貴戚，無不走也。」〔註61〕封氏生活於玄、肅時
期，其所述之現象尚且如此，元和時期柳宗元曾指責這種流弊，說：「交貴勢，
倚親戚，合則插羽翮，生風濤，沛焉而有餘」，「饜飲食，馳堅良，以歡于朋
徒，相貿爲資，相易爲名，有不諾者，以氣排之。」〔註62〕降至晚唐則情形
更加惡化。舉子們在應舉前，除投詩獻文、干謁奔走之外，尚需互結朋黨，
以營造社會輿論，藉以增加上榜機會。明人胡震亨（1569～1645）曾提及，
其目睹過一幅勾勒此番景象的圖畫：「唐人有畫圖，畫舉子七十八人，列二隊，
指呼紛紜，如相競嘲者。意謂諸甲必名有脈絡，與朝貴通成就人，故氣力足
以奔走，同輩令入隊耳。」〔註63〕皮日休雖初次應舉，然「其譽與名，曄曄
于京師」，舉子們深懼其「一舉於有司」，因此，他不免成爲眾矢之的。

〔註59〕上述諸事，參見《舊唐書》卷十九上，〈懿宗紀〉，頁655；卷一七二，〈令狐
　　　　滈傳〉，頁4467～4469；卷一八二，〈裴坦傳〉，頁5375～5376。

〔註60〕《舊唐書》卷一一三，頁3357；《新唐書》卷六十三，頁1741。

〔註61〕封演，《封氏聞見記》（臺北：廣文書局，1968年），卷三，〈貢舉〉。

〔註62〕柳宗元，《柳宗元集》卷二十五，〈送婁圖南秀才遊淮南將入道序〉，頁655。

〔註63〕胡震亨，《唐音癸籤》（臺北：木鐸出版社，1982年），卷二十六，〈談叢〉。

　　通過上述的說明，使我們了解皮日休遭遇的困擾，以及作〈內辨〉一文的社會背景；而〈內辨〉的內容亦反映了當時科舉考試的一個面相。

　　咸通四年（863）二月，皮日休上疏二書，一是〈請以孟子爲學科書〉，另一則是〈請韓文公配饗太學書〉，唯疏奏不答。離京回鹿門山後，開始二萬里的漫遊。〈太湖詩序〉云：

> 余頃在江漢，嘗耦鹿門，漁泅湖。然而未能放形者，抑志於道也。
> 爾後以文事造請，於是南浮至二別，涉洞庭，迴觀敷淺源，登廬阜，
> 濟九江，由天柱抵霍嶽，又自箕、潁轉樊、鄧，涉商顏，入藍關。
> 凡自江漢至於京，干者十數侯，繞者二萬里。〔註64〕

日休此次之漫游分成二段：一是咸通四年（863）春至多爲一段，一是咸通五年至六年秋爲一段。先是南下郢州，詣刺史鄭誠，然後經大、小別山（即「二別」）南下。至沅、湘，撰〈悼賈〉以弔賈誼。接著自沅、湘折至江西北部，登敷淺原、廬山，再由九江渡水北上，至安徽的天柱山、霍山，作〈霍山賦〉，後至壽州（肥陵）築別墅寓居。咸通五年（864）春，皮日休出壽州遊江，先訪咎繇廟，作〈咎繇碑〉，復至彭澤訪故人李中白，作〈通玄子栖賓亭記〉，隨即返回壽州。咸通六年（865），自壽州出發前往京城。路徑上取道河南，經箕（登封）、潁（許昌）、樊（南陽）、鄧（鄧州）、商顏（商州）而至藍田關，因讚嘆藍田關之鬼斧神工而作〈藍田關銘并序〉，後入長安。

　　此次入京亦是爲了應試。然天不從人願，咸通七年（866）春，禮部的應試再次落第。下第後，回歸壽州州東的別墅。途中，見淮右一帶因人謀不臧而致天災人禍的景象發出了嘆息，撰〈三羞詩三首〉。回別墅後著手編輯《文藪》，當作日後應試之行卷，除此之外亦曾至淮南的揚州與常州干謁令狐綯及楊假。〔註65〕

　　咸通八年（867）春，禮部侍郎鄭愚知貢舉〔註66〕。皮日休三度應舉，終於以榜末及第。此次及第，主要是去歲編次的行卷，以及過去干謁所積累的人脈，總算發揮功能。〔註67〕

〔註64〕《松陵集》卷三，頁 1a～1b。

〔註65〕《松陵集》，〈松陵集序〉。

〔註66〕徐松，《登科記考》（北京：中華書局，1984 年），卷二十三，頁 855。

〔註67〕《類說》云：「大中以來，禮部放榜，歲取二人姓氏稀僻者，謂之『色目人』，亦曰『榜花』。參見曾慥，《類說》卷四十一，〈榜花〉，頁 2。有論者據此謂日休乃拜其姓氏稀少之故，因而得以「榜花」列名，此說恐怕不盡然。

唐代的進士於及第後，還須參與一系列的禮節與儀式，主要是拜謝座主和參謁宰相〔註68〕。然而，觀及日後日休的事蹟，其與鄭愚的關係似乎不密〔註69〕。在拜謝座主與參謁宰相後，很多種宴會一一展開，像曲江會、杏園宴等等，日休有一首參與杏園宴的詩，〈登第後寒食，杏園有宴，因寄錄事宋垂文同年〉云：

> 雨洗清明萬象鮮，滿城車馬簇紅筵。恩榮雖得陪高會，科禁惟憂犯
> 列仙。當醉不知開火日，正貧那似看花年。〔註70〕

喜氣中帶點憂慮，因爲尙需過了博學宏詞試這一關，朝廷才會正式授與官職，此即所謂的「釋褐」。

同年冬，日休應博學宏詞試就沒有如此幸運。日休心儀的韓愈（768～824），在進士及第後，三應宏詞試不中，而釋褐於徐州、宣武幕府〔註71〕，此即所謂「登第未即釋入仕而被辟者」〔註72〕。洪邁說：「唐世士人被登科或未仕者，多以從諸藩府辟置爲重。」〔註73〕日休對自己下第頗不能釋懷，在〈宏詞下第感恩獻兵部侍郎〉詩中，他感歎：「登龍纔變即爲魚」〔註74〕，因時人稱進士及第爲登龍門。同詩末句云：「猶有報恩方寸在，不知通塞竟何如？」當時的風氣，士人不僅試前投行卷，即使試後下第亦以詩文致謝，這可能考慮到下回再來時仍需有人提攜才成。〔註75〕

咸通九年（868）日休離京東遊，先至華山、荊山，經揚州最後到達蘇州的姑蘇，尋求入幕機會〔註76〕。此後日休的生活進入另一個階段。

〔註68〕詳見傅璇琮，《唐代科舉與文學》，頁311～330；閻文儒，《唐代貢舉制度》（西安：陝西人民出版社，1988年），頁181～202；李志慧，《唐代文苑風尚》（臺北：文津出版社，1989年），頁68～74。

〔註69〕現存日休詩文中，無一語及於鄭愚，由此可知。

〔註70〕《全唐詩》（臺北：文史哲出版社，1989年），卷六一三，頁7068。

〔註71〕《舊唐書》卷一六○，〈韓愈傳〉，頁4195；鄧潭洲，《韓愈研究》（長沙：湖南教育出版社，1991年），頁52～60。

〔註72〕馬端臨，《文獻通考》（杭州：浙江古籍出版社，1988年），卷三十九，〈選舉〉12。

〔註73〕洪邁，《容齋續筆》卷一，〈唐藩鎮幕府〉；關於唐代藩鎮使府的辟署制度，詳見張國剛，《唐代藩鎮研究》（長沙：湖南教育出版社，1987年），頁181～199。

〔註74〕《全唐詩》卷六一三，頁7067。

〔註75〕杜荀鶴亦有類似的詩，〈下第投所知〉（《唐風集》卷上）。

〔註76〕《松陵集》卷三，〈太湖詩序〉，頁1a～1b。

附　錄　交友考述

按：研究皮日休的交遊圈，有助於我們瞭解其社會關係，以及其交往對象的思想傾向。在此我們以其詩文中曾提及之人物爲主，詩文中不曾出現，但從日休的事跡可推知亦有交往的對象也一並羅列之。新舊《唐書》中有傳者，其生平從略，僅敘及與其交遊有關部分；姓名事跡不可考者，則存其闕。「交友考述」的內容有兩部分，分別依時期附誌於本章及下一章之末。

元徵君　徵君爲才德學問俱高，受朝廷徵召而不仕者之尊稱。元徵君隱於陵陽山（今安徽九華山附近），日休撰〈移元徵君書〉（《文藪》卷九，頁86～87）勸其不當遯世終臥陵陽山，而廢古人之道，元徵君如「翻然而起，醒然而用，朝廷必處足下於大諫，次用足下於宰輔」云云。此文當撰於出鹿門山之後。文中對入仕之途洋溢著樂觀的語氣，頗多想當然爾之理想色彩，撰此文時日休應尚不曾應舉。元徵君，名不詳。

令狐綯　〈松陵集序〉云：「咸通七年（866），今兵部令狐員外在淮南，今中書舍人弘農公守毗陵，日休皆以詞獲幸……」。又《全唐詩》卷六一三，有日休詩〈送令狐補闕歸朝〉云：「爲說明年今日事，晉廷新拜黑頭公。」此兵部令狐員外與令狐補闕即爲令狐綯。令狐綯，字子直，《舊唐書》卷一七二及《新唐書》卷一六六有傳。

史拱山人　日休〈傷史拱山人〉（《松陵集》卷七）詩云：「宗炳死來君又去，終身不復到柴桑」。柴桑位於江州，日休曾至江州取解，後亦多次前往江州，史拱山人當爲日休於江州結識之隱士。史拱山人，姓名不詳。

成均博士　《文藪》卷九有〈移成均博士書〉，成均博士即太學博士。日休於通四年（863）上〈請韓文公配饗太學書〉與〈請孟子爲學科書〉二通，此文殆係同時期作品。成均博士，姓名不詳。

兵部侍郎　日休有〈宏詞下第感恩獻兵部侍郎〉（《文苑英華》卷二六四），此詩作於咸通九年（868）應宏詞不第時。兵部侍郎，姓名不詳。

宋垂文　亦與日休同年登第，見《登科》卷二十三，頁854。《全唐詩》卷六一三有日休〈登第後寒食，杏園有宴，因寄錄事宋垂文同年〉及前述〈江南書情〉。《登科》中作宋某，因垂文爲其字，名則不詳。

李中白　《文藪》卷七，〈通玄子栖賓亭記〉云：「距彭澤東十里，有山，邃源奧處，號曰富陽，文士李中白隱焉。……昔余與中白有俱隱湘、衡之志。中白以時不合己，果償本心。余以尋求計吏，不諧夙念。今至是境，語及名

利，則芒刺在背矣。」（頁 71～72）日休〈秋晚訪李處士所居〉云：「門前襄水碧潺潺，靜釣歸來不俺關。」〈李處士郊居〉云：「石衣如髮小溪清，溪上柴門架樹成。」兩詩俱載《文苑英華》卷二三一，由詩中描繪之景致判斷，疑此李處士當爲李中白。

韋承貽　字貽之，咸通八年（867）與日休同登進士第，見《唐詩紀事校箋》卷五十六，頁 1541；《登科記考》卷二十三，頁 854；《全唐詩》卷六○○，頁 6935。日休在《松陵集》卷五，有〈江南書情二十韻，寄秘閣韋校書貽之、商洛宋先輩垂文二同年〉，卷八有〈寄同年韋校書〉。

楊假　上引「中書舍人弘農公守毗陵」即指楊假。楊假，字仁之，《舊唐書》卷一七七及《新唐書》卷一八四有傳。

裴坦　《文藪》卷八〈內辨〉云：「日休自布衣，受九江之薦，與計偕，寓止永崇里」。咸通三年（862）裴坦任江西觀察使，九江（江州）乃其屬州，日休受知於裴坦，乃赴江西取解。日後兩者一直交遊不斷，日休寓吳中時有詩〈吳中書事，寄漢南裴尙書〉云：「唯望舊知憐此意，得爲傖鬼也逍遙。」時值裴坦任山南東道節度使。詩中稱其「舊知」，兩者當有不錯的交情。裴坦，字知進，《新唐書》卷一八二有傳。

裴寅　《文藪》卷十有〈陪江西裴公遊襄州延襄寺〉。此江西裴公即裴寅，詳細考辨見沈開生，〈皮日休繫年考辨〉，頁 167～168。裴寅，字子敬，爲裴向之子，及進士第，累官至御史大夫，見《舊唐書》卷一一三，頁 3357，《新唐書》卷一四○，頁 4647 與卷七十一上，頁 2217。

裴謨　《文藪》卷一有〈奉獻致政裴秘監〉云：「玉季牧江西，泣之不忍離。捨杖隨之去，天下欽高義」依岑仲勉〈唐方鎭年表正補〉考辨，此裴秘監爲裴坦之兄裴謨。謨因坦出牧江西，乃隨行同往，日休殆同時結識謨與坦二兄弟。

鄭愚　依《登科》卷二十三記載，鄭愚以禮部侍郎知咸通八年（867）貢舉，皮日休於該年以榜末及第。《玉泉子》亦云：「皮日休，南海鄭愚門生」。鄭愚，番禺人，《全唐詩》卷五九七，頁 6910，有略傳。

鄭誠　亦有作鄭諴，其字申虞，見《新唐書·藝文志》卷六十，頁 1608，《登科》卷二十二，頁 788。《文藪》卷七，〈郢州孟亭記〉云：「四年，滎陽鄭公誠刺是州，余將抵江南，艤舟而詣之，果以文見貴」。

鄧邑大夫　〈食箴序〉云：「有鄧邑大夫饗皮子之名，曾未相贄，具厚羞

以賓之」（《文藪》卷六，頁 60）。鄧邑大夫，姓名不詳。

　　襄陽元侯　　〈酒箴序〉云：「襄陽元侯聞醉士、醉民之稱也，訂皮子曰：『子耽飲之性，於喧靜豈異耶？』」（《文藪》卷六，頁 59）。襄陽元侯指山南東道節度使，其駐節地在襄陽。依沈開生〈皮日休繫年考辨〉，頁 167，此文作於咸通元年（859）前後，《唐方鎮年表》上載，大中十年至咸通元年山南東道節度使為徐商，咸通元年春至二年為蔣係，究為徐商或蔣係，不可確考。徐商，字義聲（一云字秋卿），《新唐書》卷一一三有傳；蔣係，《新唐書》卷一三二有傳。

第三章　吳中唱遊與晚年事跡

　　盛唐時期，中國的文化中心在長安，但歷經安史之亂的摧殘後，兩京的盛況已大不如前，而南方卻因較安定，文化和經濟上都有明顯的發展，尤其到了中晚唐時，全國的文教中心更是隨經濟力量，從關中移轉到江南〔註1〕。中唐以降，蘇州不衹人文薈萃，歷任行政首長亦多風雅之士，如韋應物（736～791？）、白居易、劉禹錫（772～842）等人皆曾刺蘇州。韋應物於蘇州刺史任內所作之詩，〈郡齋雨中與諸文士宴集〉，云：「吳中盛文史，群彥今汪洋。乃知大藩地，豈曰財賦強」。白居易在任時，劉禹錫有〈戲酬白舍人曹長寄詩〉，云：「蘇州刺史例能詩，西掖今來替左司」。蘇州的人文環境由此已可窺知一二，而這正是皮日休即將寓居的環境。

　　皮日休之所以入吳，殆係偶然因素。咸通九年（868）日休離京東遊，而江淮一帶正值龐勛叛亂。大中至咸通年間，各地除了大小盜匪擾動之外，發生了多起叛亂，前有康全泰、裘甫，後有龐勛，這些亂象使得唐代的政治、社會和經濟方面的危機，更清晰地顯露出來，尤其龐勛之亂受影響區域延及十餘州，北至山東，南到淮南，禍事至咸通十年九月才平定。〔註2〕

　　襲美的〈題潼關蘭若〉詩云：

〔註1〕錢穆，《國史大綱》，（臺北：臺灣商務，1988年修定十四版）。

〔註2〕上述之事，參見《資治通鑑》卷二四九、二五一及二五三，頁8074、8120～8121、8123～8144；《新唐書》卷一四八，頁4773～4779；《舊唐書》卷十八下，頁644；王壽南，〈論晚唐裘甫之亂〉，《國立政治大學學報》（十九），1969年，頁283～308；Robert M. Somers, "The End of the T'ang", pp. 686~692, 695~700, in Denis Twitchett ed., *The Cambridge History of China*, vol.3, Part1, *Sui and T'ang China, 589~906*, Cambridge: Cambridge Univ. Press, 1979。

關吏不勞重借問，棄繻生擬入耶溪。〔註3〕

詩中「耶溪」即「若耶溪」，位於浙江紹興東南若耶山下，道家稱爲神仙所居之福地。皮日休原先的行程可能預定前往浙江，但因兵亂未成行，遂考慮前往吳地；因爲相較於這些動盪，吳地大體上尙維持在安定的狀態。日休因而從揚州「避兵入句吳」〔註4〕，約略在咸通十年（869）的春天才到達了蘇州〔註5〕。這一偶然機緣使得他的生命進入另一階段，而吳中的生活更使他的人生觀產生重大的轉變。

第一節　吳中生活

咸通十年（870）秋，崔璞刺蘇州，延覽皮日休爲僚屬。〈松陵集序〉云：「大司諫清河公出牧於吳，日休爲郡從事。」〔註6〕《吳越備史》亦稱「日休有盛名，爲蘇州軍事判官。」〔註7〕到任一個月，吳中舊名族陸龜蒙（魯望，？～881？）以詩文干謁皮日休，由於此一因緣際會，日休乃得以結識這位知己。日休對陸龜蒙甚爲讚賞，推崇其同溫庭筠（飛卿，812～870）、李商隱（義山，813～858）互爲伯仲，不分上下。襲美云：

> 居一月，有進士陸龜蒙字魯望者，以其業見造，凡數編。其才之變，眞天地之氣也。近代稱溫飛卿、李義山爲之最，俾生參之，未知其孰爲之後先也。〔註8〕

此後寓吳的歲月，魯望在日休的生活和思想中，扮演著重要角色。

然而，皮日休並非一入吳中即被蘇州的文人接納。日休在〈初夏即事寄魯望〉詩中，云：

> 顧予容茲地，薄我皆爲儈。〔註9〕

〔註3〕 李昉編，《文苑英華》（北京：中華書局，1990年三刷），卷二三九。

〔註4〕 《松陵集》卷一，〈魯望作以五百言見貽，過有褒美，內揣庸陋，彌增愧悚，因成一千言，上述吾唐文物之盛，次敘相得之歡，亦迭和之微旨也〉，頁7a。

〔註5〕 沈開生，〈皮日休繫年考辨〉，收入《研究生論文集・中國古代文學分冊》（南京：江蘇人民出版社，1983年），頁172。

〔註6〕 〈松陵集序〉，頁3a；傅璇琮主編，《唐才子傳校箋》（北京：中華書局，1990年），頁501。

〔註7〕 林禹、范同，《吳越備史》（臺北：藝文，1965年），卷三。

〔註8〕 《松陵集》，〈松陵集序〉，頁3a。

〔註9〕 《松陵集》卷一，頁17b。

日休爲襄陽人，襄陽古爲楚地，而自魏晉南北朝以來，吳人以上國自居，頗鄙視楚人，稱楚人爲傖〔註10〕。幸賴陸龜蒙穿針引線，如襲美所云：「唯有陸夫子，盡力提客卿」〔註11〕，使得日休能打入蘇州文人的團體中，因而後來皮、陸提及此事時，魯望云：「南北風流舊不同，傖吳今日若相通。」襲美亦云：「秦吳風俗昔難同，唯有才情事事通」〔註12〕。所謂「才情」係指詩歌創作。而皮日休與吳地文人之間的地域和文化上的差異得以泯除，唱和活動發揮了極大的作用。

皮日休和陸龜蒙兩人惺惺相習，相互酬唱；他們的唱和活動吸引了吳地文人的參與，形成一個以唱和活動爲主的文人集團。這個文人集團一年之中即完成了六百五十八首作品，數量上頗爲驚人。除了皮襲美、陸魯望之外，參與此唱和活動的尚有崔璞、張賁、李縠、鄭壁、司馬都、魏朴、羊昭業、顏宣等人。這些作品最後總錄成十通，因吳之望爲松江，別名曰「松陵」，遂名之爲《松陵集》〔註13〕。這個文人集團的成員主要是文人和隱士，他們的思想雜染著道家清幽的色彩，通過他們的影響，使得襲美的道家傾向日趨明顯。〔註14〕

吳中風景名勝甚夥，皮日休倘佯於這些山光水色，日子過得頗爲平靜，時而與友人聚會（如〈潤卿魯望寒夜見訪，各惜其志，遂成一絕〉），時而喝得酩酊大醉（如〈醉中偶作呈魯望〉），時而遊寺院，與僧道交遊也頗爲頻繁（如〈冬曉章上人院〉、〈訪寂上人不遇〉）。襲美早年即嗜酒，自戲曰「醉士」，亦自諧曰「醉民」〔註15〕，這方面的習性沒有改變；然而，遊寺院、同僧道交往的次數頻繁，反映出他的人生觀與價值觀有逐漸變化的傾向。

皮日休寓吳時期的大事之一即是娶親。襲美結婚的年齡甚晚，娶妻時他

〔註10〕劉義慶，劉孝標注，《世說新語》（臺北：廣文書局，1987年），卷三，〈雅量門〉；卷六，〈排調篇〉。

〔註11〕《松陵集》卷一，頁17b。

〔註12〕〈醉中戲贈襲美〉、〈奉酬魯望醉中戲贈〉二詩俱見《松陵集》卷八，頁22a。後來日休的詩中，有時亦戲稱自己爲「傖鬼」，見《松陵集》卷六，〈吳中言情寄魯望〉，頁3b，卷七，〈吳中書事，寄漢南裴尚書〉，頁11a～b，卷九，〈奉送浙東德師侍御罷府西歸〉，頁13b。

〔註13〕詳細的討論，參見王錫九，《皮陸詩歌研究》（合肥：安徽大學出版社，2004年）。

〔註14〕關於上述諸人的相關資訊，參見本章附錄「交遊考述」的部分。

〔註15〕《皮子文藪》，頁59。

已超過三十歲。陸龜蒙有詩〈聞襲美有迎親之期，因以寄賀〉，而日休亦有〈臨頓宅將有歸于之日，魯望以詩見既，因抒懷酬之〉。魯望詩有「初下雪窗應眷戀」之語，以此判斷，日休當是初次結婚〔註16〕。婚後育有一女，惟不幸早夭，襲美曾撰詩〈傷小女〉弔之：

> 一歲猶未滿，九泉何太深。唯餘卷書草，相對共傷心。〔註17〕

寓吳的歲月儘管日子恬淡，但有一段時間日休卻又苦於眼疾，〈早春病中事寄魯望〉云：

> 眼暈見雲母，耳虛聞海濤。惜春狂似蝶，養病躁於猱。案靜方書古，
> 堂空藥氣高。可憐眞宰意，偏解困吾曹。〔註18〕

〈又寄次前韻〉云：

> 病根冬養得，春到一時生。眼暗憐晨慘，心寒怯夜清。妻仍嫌酒癖，
> 醫只禁詩情。應被高人笑，憂身不似名。〔註19〕

眼疾在他的心境上多少造成了一些陰霾〔註20〕。他在上述引用的詩中，誇大地描繪了病中鬱悶空虛的心緒，以及病眼昏花時所見的幻象。如是的心緒使其在觀察世界時，不免偏重外界破敗和病態的一面。茲舉數例來作說明：

> 尚關經病鶴，猶濾欲枯泉。
> 壞塹生魚沫，頹簷落燕兒。……水痕侵病竹，蛛網上衰花。……砌
> 下翹飢鶴，庭陰落病蟬。
> 荒徑掃稀堆柏子，破扉開澀染苔花。〔註21〕

上舉詩句中，如鶴、燕、蟬、竹、松、柏原爲雅緻的素材，然而，日休卻刻意描述其醜陋的一面，他的心境狀態已可略窺一斑。這一點在〈病孔雀〉一詩，表現得尤其明顯：

〔註16〕《松陵集》卷六，頁 17b～18a。
〔註17〕《全唐詩》卷六一五，頁 7093。
〔註18〕《松陵集》卷五，頁 10b。
〔註19〕《松陵集》卷五，頁 11a。
〔註20〕日休在其他的詩，亦數度提及自己臥病的情形和心情，如《松陵集》卷六，〈病中書情寄上崔諫議〉、〈奉和魯望春雨即事〉、〈魯望春日多尋野景，日休抱疾杜門，因有是寄〉、〈臥病感春寄魯望〉、〈病後思春〉，頁 10a、13a、13a、14a～b、15b～16a；卷八，〈寄懷南陽潤卿〉，頁 18b。
〔註21〕分見《松陵集》卷五，〈初冬章上人院〉、〈臨頓爲吳中偏勝之地，陸魯望居之，不出郛郭，曠若郊墅。余每相訪，欣然惜去，因成五言十首，奉題屋壁〉，頁 17a、18a～b；卷六，〈屐步訪魯望不遇〉，頁 5b。

　　煙花雖媚思沈冥，猶自抬頭護翠翎。強聽舞簫如欲舞，困眠紅樹似
　　依屏。因思桂蠹傷肌骨，爲憶松鵝損性靈。盡日春風吹不起，鈿毫
　　金縷一星星。〔註22〕

孔雀的形象是華麗雍容的禽鳥，日休不寫其光彩動人的一面，卻仔細勾勒黯
然失色、神情蕭瑟的病孔雀，這除了顯示他沉溺於病態的美感之外，主要還
是藉病禽喻自身的懷才不遇。〔註23〕

　　陸龜蒙、張賁等人習道事，我們沒有直接的證據證實日休是否亦習道事，
但他與魯望之間對此常有討論，通過彼此的互動，日休詩中逐漸透露出對道
家的傾心。〔註24〕

　　咸通十一年夏六月，蘇州雨患，崔璞乃遣皮日休至太湖祈禱。祭祀之後
天氣遂轉晴，隨後乃遊太湖，撰〈太湖詩〉二十首。這些詩作反映了日休在
「隱」與「仕」之間心境上的掙扎：

　　甘將一蘊書，永事嵩山伯。（〈初入太湖〉）
　　欲問包山神，來賒少巖壑。（〈曉次神景宮〉）
　　玄籙乏仙骨，青文無絳名。雖然入陰官，不得朝上清。對彼神仙窟，
　　自厭濁俗形。卻憎造物者，遣我騎文星。（〈入林屋洞〉）
　　茲地足靈境，他年終結宇。敢道萬石君，輕於一絲縷。（〈遊毛公壇〉）
　　空羨塢中人，終身無履襪。（〈桃花塢〉）
　　今日到孤園，不妨稱弟子。（〈孤園寺〉）
　　明朝若更住，必擬隳儒冠。（〈上眞觀〉）
　　京洛往來客，瞑恐緣奔馳。此中便可老，焉用名利爲？（〈銷夏灣〉）

　　〔註25〕

以上所引數首詩，蘊含了既羨慕嚮往，然又若有所憾的神態。日休早先入世
進取的精神，至此已逐漸消失殆盡，開始讓位於超凡塵世的態度。然而，日
休〈上眞觀〉詩中極言上眞洞府之引人入勝，結句卻云：「明朝若更住，必擬

〔註22〕《松陵集》卷六，頁10b。
〔註23〕關於日休描摹病醜破敗的景致，從中寫出清奇之美，參見姚垚，〈皮日休陸龜
　　　　蒙唱和詩研究〉（臺北：臺灣大學中文研究所碩士論文，1980年），頁104～
　　　　110。
〔註24〕陸龜蒙有〈四月十五日道事書寄襲美〉及日休的奉和詩，參見《松陵集》卷
　　　　七，頁3a～3b。
〔註25〕《松陵集》卷三，頁2b、3b、4b、6a、8b、11a、12a、12b。

隳儒冠」，可見「隱」與「仕」這兩種理想，在其心中仍不斷傾軋。

咸通十二年（871）三月，崔璞罷郡離任，日休結束了入幕的生活，惟尚無離吳之舉。咸通十三年（872）二月，其爲常熟縣令周君作〈破龍山堂記〉。常熟爲蘇州屬縣，可知該年日休尚在吳地，入京任官殆係隔年的事〔註26〕。觀諸日休的詩，似乎寓吳中期間未曾受朝廷正式任官，其詩有云：「我未九品位，君無一囊錢」、「四載加前字，今來未改銜」、「三十麻衣弄渚禽，豈知名字徹雞林」〔註27〕，進士及第尚未受朝廷任官者稱前進士，則日休入崔璞幕似未得到朝廷正式的確認。

綜論皮日休寓於吳中這一段生活，有二點值得我們加以討論。

其一，我們注意到，皮、陸與唱和圈的友人在生活上優游自適的態度，同唐末的時局對照起來，似乎頗爲不搭調。《松陵集》中的詩作，大多詠物、勾勒山水景致，不然即是談論友人聚會及生活瑣事；詩歌的基調也大多籠罩在死寂的氣氛當中，即令偶爾陽光乍現，但隨即消逝無跡，如投入死水中之石子，雖曾引起短暫的漣漪，然終究歸復沈靜。如果我們把這些詩中彈奏的低調，視爲這個唱和圈的成員對日蹙的國勢的消極反應，一種由失望轉爲絕望的深沈無力感，那麼這樣的生活不啻爲唐末時局的另一種腳註。例如，〈釣侶二章〉其二云：

嚴陵灘勢似雲崩，釣具歸來放石層。煙浪濺篷寒不睡，更將枯蚌點漁燈。〔註28〕

國勢似雲般的崩蹶，原先的經世濟民的理想祇好擱置一旁，面對這種情境，也難怪詩人無法入眠。這樣的心境，事實上是對時局的無奈和憂慮。

其二，日休在入吳之前，曾有過多次長途漫遊，而這些漫遊經驗使他對社會現況有了深刻的了解和體驗，因此，其作品有著強烈的寫實主義色彩和民本思想。然而，以他的出身背景要在仕途上有一番作爲，事實上機會不大，在這種情況下，不免發出有志難伸之嘆。在這個生命的轉折點上，因緣際會

〔註26〕《全唐文》卷七九七，頁8355。

〔註27〕依序見《松陵集》卷一，〈魯望作以五百言見貽，過有褒美，內揣庸陋，彌增愧悚，因成一千言，上述吾唐文物之盛，次敘相得之歡，亦迭和之微旨也〉，頁7b；卷五，〈江南書情二十韻寄秘閣韋校書貽之、商洛宋先輩垂文〉，頁14b；卷八，〈庚寅歲十一月，新羅弘惠上人與本國同書請日休爲靈鷲山周禪師碑，將還，以詩送之〉，頁13a。

〔註28〕《松陵集》卷八，頁19b。

入了吳中。在吳地的環境以及同唱和圈友人互動過程中，皮日休的思想產生明顯的轉變，早先的寫實取向和民本思想，現在染上了清幽的道家色彩，這方面陸龜蒙起著主要的作用。

　　皮日休離吳入京後的事跡，我們所知有限。咸通十三年（872）前後，日休任著作局書郎。咸通十五年（874）遷太常博士〔註29〕，殆係本年二月裴坦入相的關係〔註30〕。其任太常博士的期間，似乎持續至乾符四年（877）。在長安這段時間，時值吳融久困名場，日休曾與之唱和〔註31〕。乾符四年，日休曾主試貢士，陸龜蒙〈秋賦有期因寄襲美，時將主試貢試〉（《全唐詩》卷六二六）云：「廣寒宮樹枝多少，風送高低便可攀」，有希望日休提攜之意，而日休〈奉和魯望秋賦有期次韻〉（《全唐詩》卷六一六）云：「太微宮里環岡樹，無限瑤枝待爾攀」，亦期待龜蒙赴京應舉。惟此次似未成行，殆因其時王仙芝活躍於鄂、襄之間，道途不通之故。〔註32〕

　　乾符五年（878）六月，「朝廷以荊南節度使高駢先在天平有威名，仙芝黨多鄆人，乃徙駢為鎮海節度使」〔註33〕，日休殆於此時任毗陵副史，隨高駢軍出常州、潤州一帶〔註34〕。陸龜蒙〈風人詩四首〉（《全唐詩》卷六二七）其一云：「十萬全師出，遙知正憶君」。此「十萬全師」乃指高駢軍。乾符六年（879）初，高駢屢敗黃巢，巢部將多降，巢軍遂趨兵廣南〔註35〕。然而，乾符六年中至廣明元年（880）初，巢軍北上攻掠江西，「逐高駢如鼠走穴」〔註36〕；日休當於此時為巢軍所劫。〔註37〕

〔註29〕　傅璇琮主編，《唐才子傳校箋》第三冊（北京：中華書局，1990年），頁502。

〔註30〕　《舊唐書》卷一一三，頁3357。

〔註31〕　吳融有詩〈和皮博士赴上京觀中修靈寶齋贈威儀尊師兼見寄〉與〈高侍御話及皮博士池中白蓮，因成一章，寄博士兼奉呈〉，參見《全唐詩》卷六八七，頁7895、7897。

〔註32〕　《唐才子傳校箋》，頁511；Robert M. Somers, "The End of the T'ang", pp.731~736。

〔註33〕　《資治通鑑》卷二五三，頁8208。

〔註34〕　《唐才子傳校箋》，頁504。

〔註35〕　相關的討論，參見黃清連，〈高駢縱巢渡淮──唐代藩鎮對黃巢叛亂的態度研究之一〉，《大陸雜誌》，八十卷一期（1990），頁3～22。

〔註36〕　《新唐書》卷二二五下，〈黃巢傳〉，頁6457。

〔註37〕　面對兵變與叛亂，日休的態度都是否定的，因此不可能志願從黃巢軍，見《文藪》卷七，〈白門表〉，頁68～69；《松陵集》卷六，〈奉和魯望徐方平後聞赦次韻〉，頁15a。

第二節　死因探考

　　唐末戰亂紛乘，史籍散亂，皮日休的死因，正史無考，筆記雜著中卻又說法不一，後人依不同的傳聞和根據作出不同的論斷。那麼日休究係伏誅？為黃巢所殺？或寓於一隅終老？眾說紛云，莫衷一是。然而，日休的死因會影響我們對其生平與思想的評斷，因此，有必要加以辨明。以下就各家說法，次第述之，並予以廓清。

　　第一種說法主張，皮日休是被唐朝的統治者誅殺。此說僅見於陸游《老學庵筆記》卷十轉引《該聞錄》（此書已佚）上的記載：「皮日休陷黃巢，為翰林學士，巢敗被誅」。陸游引用此條材料，主要是為了批駁它，認為其不可信。此說不見他書記載，然而大陸學者大多贊同此說，認為皮日休曾受黃巢偽職，在當時的歷史情境下，唯有伏誅一途。

　　唐朝收復長安後，僖宗下詔，以崔璆家貴身顯，任黃巢宰相首尾三年，既不逃，又不隱，隨即斬於所在處所。黃巢亂後，凡曾涉及的均誅之，即便婦女亦難逃一劫。〔註38〕

　　黃巢於中和三年（833）四月撤出長安。如果此說成立，皮日休當卒於此年。然而，皮日休被誅一事，祇見於《該聞錄》，又屬孤證，未可確信。

　　另有記載指出，皮日休並未死於黃巢之亂，而是逃奔吳越，歸錢鏐。倡說者首見於《太平廣記》，其文則引自《北夢瑣言》，但略作更易。日休的死因，《瑣言》云「黃寇中遇害」〔註39〕，而《廣記》則刪改作「為錢鏐判官」〔註40〕，其所據究竟為何我們不得而知。宋初陶岳《五代史補》的記載，亦證成此說：

> 楊行密嘗命宣州刺史田頵領兵圍錢塘，錢鏐危急，遣其子元璙修好
> 於行密。元璙風神俊邁，行密見之甚喜，因以其女妻之，遽命頵罷
> 兵。初，頵之圍城也，嘗遣使候錢鏐起居，鏐厚待之。將行，復與
> 之小飲。時羅隱、皮日休在座，意以頵之師無能為也，且欲譏之。
> 於是日休為令，取一字，四面被圍而不失其本音，因曰：「『其』字
> 上加『艸』為萁菜，下加『石』為碁子，左加『玉』為琪玉，右加

〔註38〕《資治通鑑》卷二五五，〈唐紀七十一〉，頁8295；卷二五六，〈唐紀七十二〉，頁8312。

〔註39〕《北夢瑣言》卷二，〈皮日休獻書〉。

〔註40〕《太平廣記》卷四九九，〈皮日休〉，頁4097。

『月』爲期會。」羅隱取「于」字：「上加『雨』爲舞雩，下加『皿』
爲盂，左加『玉』爲玗玉，右加『邑』爲邘地。」使者取「亡」字，
讖錢鏐必亡。然「亡」上加「艸」爲芒，下加「心」爲忘，右加「邑」
爲邙，左加「心」爲忙。其令必不通，合座皆嘻笑之，使大慚而去。
未幾，顥果班師。〔註41〕

上述引文所提及之事，如田頵圍錢塘、鏐遣子同楊行密修好、行密招元瓘爲
婿，以及田頵遣使錢鏐等諸事，俱載於《資治通鑑》、《吳越備史》等書，增
加了陶岳的記載之可信度，然而，皮日休與羅隱同讖田頵使者此一關鍵，仍
有留有疑問（詳後）。

　　後倡此說的尚有尹洙、陸游等。北宋尹洙（師魯，1001～1046）曾與歐
陽修等人提倡古文。他爲襲美的曾孫皮子良所撰寫之墓誌銘〈故宣德郎守大
理寺丞累贈司封員外郎皮公墓誌銘并序〉曾指出：「……日休，避廣明之難，
徙籍會稽。及錢氏王其地，遂依之。官太常博士，贈禮部尚書。」〔註42〕

　　陸游（務觀，1125～1210），工詩、詞、散文，亦長於史學。宋朝南渡後，
他同尤袤、楊萬里、范成大並稱詩人四大家。陸游依尹洙在墓誌銘中之言論，
反駁皮日休陷賊被誅的說法：

　　……日休，避廣明之難，徙籍會稽，依錢氏，官太常博士，贈禮部
　　尚書。祖光業，爲吳越丞相。父璨爲元帥府判官。三世皆以文雄江
　　東。據此，則日休未嘗陷賊爲其翰林學士被誅也。光業見《吳越備
　　史》頗詳，孫仲容在仁廟時仕亦通顯，乃知小說謬妄無所不有。師
　　魯文章傳世，且剛直有守，非欺後世者，可信不疑也。故予表而出
　　之，爲襲美雪謗於泉下。〔註43〕

上述的說法雖有一定的說服力，但仍留下不少可疑之處，有待商榷。

　　其一，《廣記》將皮日休的死因，從「黃寇中遇害」更動成「爲錢鏐判官」，
然並無進一步說明。在沒有其他旁證的情形下，我們對《廣記》的此一記載，
採保留的態度。

　　其二，現存皮日休與羅隱的作品，皆不見對方姓名，可證兩者不曾相識，
但兩者皆同陸龜蒙有交往。又，羅隱入錢鏐幕下，是在皮日休離開吳地之後

〔註41〕陶岳，《五代史補》卷一，〈楊行密錢塘侵略〉。
〔註42〕尹洙，《河南先生文集》卷十五。
〔註43〕陸游，《老學庵筆記》（臺北：廣文書局，1972年），卷十。

的事，因而不可能有同譏田頵使者一事，此當爲誤聞。

其三，尹洙的說詞屬墓志銘性質，而陸游的根據也衹是僅止於此，可信度都大有問題。陸游在其他地方又提及：「黃巢之入長安，僖宗出幸。豆盧瑑、崔沆……皆守節，至死不變。鄭綦、鄭繫義不臣賊，舉家自隘而死。以靖康京師之變言之，唐猶爲有人也」〔註 44〕。陸游揄揚豆盧瑑等人的守節，以及辨駁皮日休非「從賊」，這些論調與他的政治意識形態是一致的。在抗金救國的時代氛圍中，陸游對這些史實重新詮釋，爲的是激勵朝野志士的忠義氣節，但他關懷的是現實的政治目的，而非史實本身。因此，據其言作歷史人物考訂是不足爲憑的。

最後，關於皮日休遇害的說法，最早的記載見於孫光憲（？～968）的《北夢瑣言》，其云日休「官至博士，寓蘇州，與陸龜蒙爲文友，著《文藪》十卷，《皮子》三卷，人多傳之。黃寇中遇害。」〔註 45〕至於何時、何地、何因遇害，沒有進一步說明。錢易的《南部新書》對日休的死因，論說較詳，其謂「巢令日休作讖詞，云：『欲知聖人姓，田八二十一，欲知聖人名，果頭三屈律。』巢大怒。蓋巢頭醜，掠鬢不盡，疑三屈律之言，是其譏己也，遂及禍。」〔註 46〕此一說法較被後人接受，後世大多接手此說，如計有功的《唐詩紀事》、晁公武的《郡齋讀書志》、陳振孫的《直齋書錄解題》，以及辛文房的《唐才子傳》皆承襲皮日休作讖及禍的說法〔註 47〕。儘管古人贊同此說的最多，但仍有一些疑點需要辨正。

其一，這四句讖文採拆字的方式，前二句指其姓爲「黃」，後二句指其名爲「巢」，影射當今的聖人即黃巢，並沒有詆毀的意思，而黃巢本身亦非白丁，應當不至誤解。有趣的是《太平廣記》和《新唐書·董昌傳》亦載有類似的讖語故事：

> 董昌未僭前，有山陰縣老人，僞上言於昌曰：「今大王善政及人，願

〔註 44〕《老學庵筆記》卷六。

〔註 45〕《北夢瑣言》卷二，〈皮日休獻書〉。

〔註 46〕《南部新書》卷丁。

〔註 47〕《唐詩紀事校箋》（成都：巴蜀書社，1989 年），卷六十四，〈皮日休〉，頁 1732；《郡齋讀書志》卷四，〈皮日休文藪十卷〉；《直齋書錄解題》卷十六；《唐才子傳校箋》卷八，〈皮日休〉，頁 503。《唐才子傳》云：「（黃巢）令（日休）作讖文以惑眾，曰：『欲知聖人姓，田八二十一；欲知聖人名，果頭三屈律。』賊疑其懷恨譏己，遂殺之。臨刑，神色自若，人無知不知，皆痛惋也。」辛文房所渲染「神色自若」等語，當屬臆測，不盡然可信。

萬歲帝於越，以福兆庶。三十年前，已聞謠言，正合今日，故來獻。
其言曰：『欲識聖人姓，千里草青青；欲知聖人名，日從曰上生』」。
昌得之，大喜。……乃贈老人百縑，仍免其征賦。……乾寧二年（895）
二月二日，……僭衰冕儀節，……自稱聖人，及令官屬將校等，皆
呼聖人萬歲。〔註48〕

我們可以發現此二讖語的模式是一致的，差異處在於一爲「黃巢」，一爲「董
昌」。然而，類似的狀況，遭遇卻大相逕庭，山陰老人獲贈百縑免征賦，而日
休卻及禍，似乎不合情理。日休是否作讖語我們不能確知，或許是日休因文
及禍，《南部新書》在述及此事時，遂將董昌的讖語故事套在皮日休身上。

其二，《全唐文》卷七九九載皮日休〈題銅官縣壁〉一文末尾有「中和三
年三月望日，日休書」等字眼〔註49〕。黃巢於廣明元年（880）二月攻入長安，
依常理作讖的時機當在作長安前後；易言之，如因作讖被殺最晚不出中和元
（881）。〈題銅官縣壁〉似乎成了反駁皮日休作讖被殺的有力證據。論者有從
年號懷疑該文非皮日休所作，亦有謂「中和」係改竄至「金統」云云。這些
說法都不成立。《陝西金石志》卷二十三載該文，題爲〈同官四柏碣〉，內容
與《全唐文》所收相同，落款爲「政和三年三月望日，休書」，係宋徽宗時之
陳休所作，《全唐文》與乾隆時編纂的《銅官縣志》均誤收於日休名下，此不
足以證明日休中和三年（883）尚健在。

《舊唐書》云：

黃巢據大內，僭號大齊，稱年號金統。悉陳文物，據丹鳳門僞赦。
以太常博士皮日休、進士沈雲翔爲學士。〔註50〕

《新唐書》曰：

巢齋太清宮，卜日舍含元殿，僭即位，號大齊。……皮日休、沈雲
翔、裴渥翰林學士。〔註51〕

《資治通鑑》亦指出：

巢即皇帝位于含元殿，……以太常博士皮日休爲翰林學士。〔註52〕

〔註48〕《太平廣記》卷二九○，〈董昌〉，頁2310；《新唐書》卷二二五下，〈董昌傳〉，
　　　　頁6467～6468。
〔註49〕《全唐文》卷七九九，頁8386上。
〔註50〕《舊唐書》卷十九下，〈僖宗紀〉，頁709。
〔註51〕《新唐書》卷二二五下，〈黃巢傳〉，頁6458。
〔註52〕《資治通鑑》卷二五四，〈唐紀七十〉，頁8241。

三書均載皮日休爲黃巢翰林學士，此應無疑義。如無確鑿的材料否定，日休爲黃巢所殺當屬可信，其卒年約在廣明元年（881）左右。〔註53〕

附　錄　交友考述

元達　日休有詩〈重玄寺元達年逾八十，好種名藥，凡所植者，多至自天臺、四明、包山、句曲，叢萃紛糅，各可指名。余奇而訪之，因題二章〉（《松陵集》卷七）。

北平郎中　日休〈登初陽樓，寄懷北平郎中〉云：「莫怪重登頻有恨，二年曾侍舊吳王」（《松陵集》卷七）。由詩中知，北平郎中亦曾寓吳中。北平郎中，姓名不詳。

司馬都　吳中名士，咸通進士，見《全唐詩》卷六〇〇，頁 6946，《登科》卷二十七，頁 1075。《太平廣記》卷二五二，頁 1962，載其軼聞一則，餘無可考者。司馬都曾參與皮、陸的酬唱，《松陵集》卷九載其詩二首。

弘惠上人　日休有詩〈庚寅歲十一月，新羅弘惠上人與本國同書請日休爲靈鷲山周禪師碑，將還，以詩送之〉（《松陵集》卷八）。

任晦　日休〈二遊詩序〉云：「有前涇縣尉任晦者，其居有深林曲沼，危亭幽砌。余並次以見之，或退公之暇，必造以息焉。林泉隱事，恣用研詠。」《吳郡志》卷二十五，頁 736，載：「任晦，吳人。……資高放寡合，好奇樂異，喜文學、名理之士」。

羊昭業　字振文，吳人。咸通九年（868），侍郎劉允章知舉，羊昭業於此年登進士第。昭宗大順時期（890～891），振文嘗與司空圖、高逢修等十人合修宣、懿、僖三朝實錄，有集十五卷，今佚〔註54〕。羊昭業停留吳地期間，加入了皮陸的唱遊行列。咸通十一年（870）年底左右，振文之父自毛詩博士出牧桂

〔註53〕　《安徽通志稿》（臺北：成文，1985 年），卷六十，〈輿地志・陵墓〉以及《宿州志》（臺北：成文，1985 年），卷五，〈輿地志・陵墓〉，皆載：「唐皮日休墓在順河集濉溪北岸，石門尚存，題皮日休墓」。《宿州志》卷三十三，〈人物志・流寓〉，亦爲日休立傳。此墓甚爲可疑。其一，日休當死於長安，長安離此甚遠，何以葬於此？其二，日休與宿州毫無淵源，他雖曾於壽州（今安徽壽縣）東築別墅，然宿州位於壽州北方約一百公里處，其距離亦甚遠。此墓如係僞託，目的何在？在無法解釋的情況下，僅誌之以備一說。

〔註54〕　《全唐詩》卷六三一，頁 7240；《登科》卷二十三，頁 855；《太平廣記》卷二六五，頁 2080。

陽，振文前往省親，皮、陸均有〈送羊振文先輩往桂陽歸覲〉之詩贈別。

　　吳融　字子華，越州山陰（今浙江紹興）人。初力學，富辭調，廣明、中和之際，久負屈聲。雖未擢科第，同人多贊謁之如先達。昭宗龍紀元年（889）登進士第，累仕翰林學士、中書舍人、戶部侍郎等職〔註55〕。咸通十三年至乾符初，皮日休任職於長安，而此時子華久困名場，與日休相互酬唱，今存和詩二首。日休與子華之交往主要在這段時期。〔註56〕

　　李明府　《松陵集》卷七有日休〈送李明府之任海南〉。李明府，名不詳。

　　李副史　《松陵集》卷七有日休〈寄滑州李副史員外〉詩，時值李副史鎮守臨淮。李副史，名不詳。

　　李縠　字德師，懿宗咸通時期（860〜874）登進士第。曾任浙東觀察推官兼殿中侍御史，歷仕懿、僖朝，官至右諫議大夫〔註57〕。德師參與皮、陸等人的唱遊活動應是任浙東觀察推官這段時期。惟德師離吳中的時間較張賁早，《松陵集》中存其詩四首，〈松陵集序〉因而有謂其「詞之不多，去之速也」之語。德師離吳地時，皮、陸、張賁俱有〈奉送浙東德師侍御罷府西歸〉之詩。

　　來上人　日休有詩〈夏景無事，因懷章、來二上人〉。

　　周某　日休〈破山龍堂記〉云：「常熟，澤國也，風雨怪物日作於民。在有其地者，苟祀之至，民被其利；祀之不至，民受其禍。汝南周君為令之初，年夏且旱，其神於破山之潭上，果雨以應。……於是命工以土木介其象，為寶宮以蔭之，著之於典以潔其祀。……君為其祠已，乞文其事。日休佳君之為，志在民，故從之」（《全唐文》卷七九七）。常熟縣令周某乞日休文其事，時咸通十三年（872）。周某，名未詳。

　　孫發　范成大《吳郡志》卷二十五，頁737，云：「孫發，吳人，舉百篇科。日休贈以詩云：『百篇空體喧金屋，一日官銜下玉除。』陸龜蒙亦云：『直應天授與詩情，百詠惟消一日成。』其見推當時如此，後未有繼之者。」《松

〔註55〕《新唐書》卷二○三，頁5795；《全唐詩》卷六八四，頁7847；《唐詩紀事》卷六十八，頁1833；《唐才子傳》卷九，頁857〜8；《登科》卷二十四，頁891；《唐摭言》卷五，〈切磋〉。

〔註56〕《全唐詩》卷六八七，有吳融〈和皮博士赴上京觀中修靈寶齋贈威儀尊師兼見寄〉與〈高侍御話及皮博士池中白蓮因成一章，寄博士兼奉呈〉二詩。

〔註57〕《唐詩紀事》卷六十四，頁1722；《全唐詩》卷六三一，頁7238；《舊五代史》卷二十四，頁321。

陵集》卷六有日休〈孫發百篇將遊天臺，請詩贈行，因以送之〉。

徐修矩　《吳郡志》卷二十五，頁 736，載：「徐修矩，吳人。仕爲恩王府記事參軍。奕世才賢，承家介潔，守世書萬卷，優游自適，有潮田五萬步，草屋十數間，不復出仕。皮日休嘗就借書讀之，與任晦同時。日休與陸龜蒙作〈二游詩〉，謂修矩與晦也。」日休《松陵集》卷一〈二遊詩序〉云：「吳之士有恩王府參軍徐修矩者，守世書萬卷，優游自適。余假其書數千卷，未一年，悉償夙宿，醓飫經史，或日晏忘飲食」。

高駢　《全唐詩》卷六八七有吳融詩〈高侍御話及皮博士，池中白蓮，因成一章，寄博士兼奉呈〉，《唐詩鼓吹》卷六載此詩，郝天挺於詩題下註：「高駢及日休也」。乾符五年（878）日休任毗陵副使，隨高駢軍出常州、潤州一帶，以禦黃巢。高駢，《舊唐書》卷一八二，《新唐書》卷二二四下，有傳。

寂上人　日休有詩〈奉和魯望寒夜訪寂上人次韻〉（《松陵集》卷六）。

崔璞　〈松陵集序〉云：「咸通十年，大司諫清河公出牧於吳，日休爲郡從。」《唐詩紀事校箋》卷六十四，頁 1724，云：「璞，唐末以大司諫刺蘇州」。《松陵集》卷三有日休詩〈以毛公泉一餠獻上諫議因寄〉、卷六〈病中書情寄上崔諫議〉、〈春日陪崔諫議櫻桃園宴〉、卷九〈軍事院霜菊盛開，因書一絕，寄上諫議〉、〈諫議以罷郡將歸，以六韻賜示，因佇酬獻〉。

崔璐　字大圭，咸通七年（866）登進士第〔註 58〕。《松陵集》卷二輯有其詩〈覽皮先輩盛製，因作十韻，以寄用伸歎仰〉及日休〈奉酬崔璐進士見寄次韻〉。璐在詩中推崇日休「既有曾參行，仍兼君子儒」，且希冀其「好保千金體，須爲萬姓謨」，日休在奉酬的詩中則「展我此志業，期君持中樞」，陳抒自已的才志和抱負，並期盼璐有積極作爲。崔璐亦爲日休吳中結識之文士，兩人之交情當非泛泛。

張賁　字潤卿，南陽（今河南南陽）人。宣宗大中時（847～860）登進士第，唐末爲廣文博士。寓居吳中時與皮、陸交遊〔註59〕。其詩多羈旅感激，如「異鄉無限思，盡付酒醺醺」（〈旅泊吳門〉）。〈松陵集序〉亦云：「南陽廣文潤卿，隴西侍御師，或旅泊之際，善其所爲，皆以詞致」。潤卿辭官後隱於

〔註58〕《新唐書》卷七十二下，〈宰相世系表〉，頁 2752；《全唐詩》卷六三一，頁 7237；《唐詩紀事》卷六十四，頁 1741；《登科》卷二十三，頁 852。

〔註59〕《唐詩紀事校箋》卷六十四，頁 1726；《登科》卷二十七，頁 1069；《全唐詩》卷六三一，頁 7235。

茅山，茅山爲道教之名山，位於吳中，可能因地緣之故，使得張賁有機會加入皮、陸的唱遊活動。張賁與陸龜蒙俱習道事〔註60〕，通過唱遊與交往，對日休的思想與創作有明顯的影響。張賁的作品現存詩十六首，俱入《松陵集》，爲同一時期之產物。潤卿不僅加入皮、陸的唱活動，亦參與了聯句詩的寫作。《松陵集》中的作品除皮、陸之外，就數張賁的詩收入最多，潤卿與皮、陸的交情當是較爲深厚的。張賁離開吳中前往華陽，皮、陸皆有〈送潤卿博士還華陽〉之詩。

　　從勗　日休有詩〈臘後送內大德從勗遊天臺〉（《松陵集》卷八）。從勗，姓名不詳。

　　陸龜蒙　字魯望，《新唐書》卷一九六有傳。皮、陸唱和詩遍見《松陵集》。

　　章上人　日休有詩〈初冬章上人院〉（《松陵集》卷五）、〈聞開元寺開筍園寄章上人〉（《松陵集》卷六）、〈夏景無事，因懷章、來二上人二首〉（《松陵集》卷七）及〈冬曉章上人院〉（《松陵集》卷八）。

　　圓載上人　日休有詩〈送圓載上人歸日本國〉與〈重送〉（《松陵集》九）。

　　嵩起　嵩起與皮、陸合寫過聯句詩〈報恩寺南池聯句〉（《松陵集》卷十）。嵩起爲名，姓氏佚去，生平事跡不詳。

　　楊舍人　日休〈寄瓊州楊舍人〉云：「德星芒彩瘴天涯，酒樹堪消謫宦」（《集松陵集》卷七）。依詩中所述，楊舍人是時受貶謫。楊舍人，名不詳。

　　楊臺文　陸龜蒙有詩〈懷楊臺文、楊鼎文二秀才〉（《松陵集》卷八），日休亦有奉和次韻之詩，兩者疑爲兄弟，生平事跡俱不詳。

　　楊鼎文　同上。

　　董少卿　皮、陸俱有〈送少卿遊茅山〉（《松陵集》卷八），日休詩中自注：「卿嘗爲大理用法，有廉平之稱。」龜蒙詩中自註：「董嘗判臺州」。

　　鄭璧　唐末江南進士，與皮、陸二生酬唱，見《全唐詩》卷六三一，頁7241，《唐詩紀事校箋》卷六十四，頁1723。《松陵集》存其詩四首，和日休詩三，和龜蒙詩一。陸龜蒙的〈幽居有白菊一叢，因而成詠，呈一二知己〉（《松陵集》卷九）一詩所呈知己計有日休、張賁、鄭璧、司馬都四人，這幾人之間的交情當是較深刻的。

〔註60〕《松陵集》卷九，陸龜蒙〈奉和襲美寄廣文先生〉謂張賁「忽辭明主事眞君」，卷七皮日休〈懷華陽潤卿博士三首〉亦有「先生一向事盧皇，冥心唯事白英君」之句。

穆秀才　《文苑英華》卷三一○有日休〈秋晚自洞庭湖別業寄穆秀才〉，穆秀才名不詳。

顏萱　字弘至，江南進士，中書舍人顏蕘（結拜）之弟，見《唐詩紀事校箋》卷六十四，頁 1720～1。顏萱與皮、陸二生酬唱，《松陵集》卷九輯其詩三首。

魏朴　字不琢，毗陵人，唐末吳中名士，見《唐詩紀事校箋》卷六十四，頁 1725。日休〈五貺詩序〉（《松陵集》卷五）嘗云：「毗陵處士魏君不琢，氣眞而志放，居毗陵凡二紀，門窮學。……日休嘗聞道於不琢，敢不求雅物，成雅思乎？」。日休稱贊其行誼高潔，全於進退之間，因而將「五瀉舟」、「華頂杖」、「太湖硯」、「烏龍養和」及「河陵樽」等五貺，贈予魏朴，以「資雲水之興」、「益琴籍之玩」。魏朴爲日休居吳中時結織之隱士。日休另有〈寄毗陵魏處士〉（《松陵集》卷八）之詩。

嚴惲　字子重，吳興人。子重善爲詩，與杜牧友善，皮、陸常愛其篇什。十上不第，卒於吳中。昔聞有集，今佚〔註 61〕。日休年幼時已久聞其名。及長，至吳中方得見其人，乃懷文見造。子重詩風「清便柔媚，時可軼駁於常軌」，工於七言詩，詩云：「春光冉冉歸何處？更向花前把一杯。盡日問花花不語，爲誰零落爲誰開？」子重屢挫於科場，日休深感惋惜。二人結識不久子重即逝去，日休乃撰詩以弔之。〔註 62〕

顧道士　日休有〈顧道士亡，弟子以束帛乞銘于余，魯望因賦戲贈，日休奉和〉（《松陵集》卷八）及〈傷開元觀顧道士〉，後一首陸龜蒙、張賁、鄭璧均有和詩，顧道士應爲此唱和圈的共同友人，俱見《松陵集》卷九。顧道士，名不詳。

按：綜合第二、三章「交友考述」所羅列之人物，我們可以看出三點特色。

其一，就時期區分，皮日休及第前所交往的對象，主要以官員爲主，間或有文士或隱士，然爲隱於鹿門山所交遊之友人。有唐一代科舉制度使然，干謁、行卷風尙頗盛，爲求科舉順遂，需要有力的官員奧援。及第前，日休汲汲於求仕，輾轉各地干謁，希圖獲得知素，其結交對象自然以官員居多。

〔註 61〕《全唐詩》卷五四六，頁 6308；《唐詩紀事》卷六十六，頁 1785～6；《唐才子傳校注》卷六，頁 617；《南部新書》卷丁。

〔註 62〕〈傷進士嚴子重詩序〉（《松陵集》卷八）。

惟三次應舉及第後，應吏部詮選不第，乃東遊尋求入幕機會。其後因緣際會入吳，展開唱遊生活。由於吳地的環境與心境的轉變，寓吳中時期交遊對象主要以文士、隱士和僧道爲主。

其二，皮日休出身的家庭並非世家大族，所結交之官員除裴坦之外，其餘助益有限，致使日休仕宦不達。

其三，日休爲襄陽人，其生平事跡同長安關係不大，因此在文化屬性上與北方有差別，這一點亦反映在交遊對象上，加之在官場上其處於邊緣化的地位，因而在這類型的士人中，其思想有一定的代表性。

第四章　皮日休的思想（一）

　　無論在世或死後，皮日休主要以文學家的頭銜爲時人及後世所知。他的作品今日所能見及的，主要存留於其自編的《文藪》，以及陸龜蒙所輯的《松陵集》。前者代表進士及第前的思想；這時期的思想，很明顯是以儒家思想作主導，即使詩作亦不離此一範圍。日休留於《松陵集》的作品，係寓吳時期的產物，除了詩序外，俱爲詩作；這些作品雜染著道家清幽的色彩，透露出他對方外世界的神往和欣慕之情。

　　在本書中，爲了分析上的方便，我們將以《文藪》的觀點作爲皮日休前期的思想，而《松陵集》中的作品則視之爲後期的想法。但必須先聲明的是，這樣的區分祇是權宜的作法；所謂「後期」是就相對意義上而言，因爲皮日休離開吳地之後的作品，今日已幾乎不可見，其思想我們無以窺知，因此，寓吳期間的傾向自然不是其最終思想的定論。

第一節　儒道觀

　　皮日休自幼即心懷大志，寓吳地的期間他在奉酬友人的詩中，曾自述：「伊余幼且賤，所稟自以殊，弱歲謬知道，有心匡皇符。」〔註1〕〈七愛詩序〉亦云：「皮子之志，常以眞純自許。每謂立大化者，必有眞相，以房、杜爲眞相焉。」〔註2〕他對盛唐的名相房玄齡、杜如晦甚爲仰慕，自我期許說：「粵吾少有志，敢躡前賢路。苟得同其時，願爲執鞭豎。」〔註3〕其胸壑由此可知。

〔註1〕《松陵集》卷二，〈奉酬崔璐進士見寄次韻〉，頁14b。
〔註2〕《文藪》，頁104。
〔註3〕《文藪》，〈房杜二相國〉，頁104。

　　皮日休希冀通過從政的途徑，實踐他的理想，然而，應舉並不順遂，他因此感歎道：「如何欲佐主，功名未成立。」〔註4〕在漫遊的過程中，渡沅、湘，抵達賈誼沉文弔屈原之處，幽古思今，在惋惜屈、賈二人有志難伸之餘，聯繫到自己的際遇，他說：

> 嗚呼！聖人之文與道也，求知與用，苟不在於一時，而在於百世之
> 後者乎？其生之衰平歟？余之悲生歟？吾之道也，廢與用，幸未可
> 知，但不知百世之後，得其文而存之者，復何人也。〔註5〕

在略帶蒼涼的語調中，亦不無希望其道能獲用於世。既然皮日休強調其「弱歲謬知道，有心匡皇符」，那麼所謂的「道」在他的思想中的意涵為何，我們有必要加以說明。

　　總體來說，皮日休所謂的「道」，通常指「儒道」，他有時亦稱之為「聖人之道」〔註6〕。皮日休不若韓愈曾撰寫〈原道〉，以專文對「道」的性質與意涵作闡釋，但在《文藪》中，我們仍可清晰看出他的儒道觀。

一、「道」與「古」

　　皮日休的儒道觀最明顯的特色在於「道」即「古」，兩者的涵意可以互通。襲美深以儒者自許，他說：

> 弓箕之家生子，而捨弓箕？陶旅之家生子，而捨乎陶旅？噫！吾之
> 道，猶弓箕、陶旅乎？〔註7〕

他以職業世襲不易作比喻，表明自身對儒道的堅持。他深信，古聖先賢多方揭示的「道」之原理，仍是至今不變之真理；對他而言，「道」與「古」似乎是可以互換的同義辭。他認為，古聖先賢的「道」，寓於文之中，儒家的根本真意亦在此；而這個「道」乃是亙古不移的指導，切合眼前的需求。〈原化〉中指出：

> ……（聖人）其道則存乎言，其教則在乎文。有違其言，悖其教者，
> 即戾矣。〔註8〕

又云：

〔註4〕《文藪》，〈秋夜有懷〉，頁112。
〔註5〕《文藪》，〈悼賈序〉，頁17～18。
〔註6〕《文藪》，頁17、35、87。相似之辭語可見頁21、24、37、53。
〔註7〕《文藪》，〈鹿門隱書〉，頁99。
〔註8〕《文藪》，頁21。

其質也，道德仁義；其文也，《詩》、《書》、《禮》、《樂》。此萬代王

者未有易是，而能理者也。〔註9〕

日休的這種看法，遍見於《文藪》；而他對上古黃金時代的傾慕亦相當明顯。

　　對於皮日休所謂的「古」，在此我們討論的，不是指時間或歷史意義上的古代，而是指古聖先賢的德性和主張。亦即這個「古」，是古代完美的、展現「道」的一面，也是今人現世應當恪守、實踐的範式。

　　此一用法在皮日休之前，已有長遠的歷史。中國自先秦諸子述古以奉託理想以來，以「古」的概念作爲論述方式，即流傳於知識分子群體之中，藉此來反襯現實的黑暗和不完美。這種情形在唐代亦是屢見不鮮。八世紀中葉古文運動興起以來，「古」這個概念的使用日趨頻繁。此後至九世紀初，「道」與「古」二字幾乎成爲儒者群體中相互標榜的旗幟。〔註10〕

　　踵此餘緒，「道」與「古」在《文藪》出現的次數相當頻繁。在措辭上，他慣用「古之……，今之……」的語法，作爲論述結構〔註11〕；在態度上我們也可以強烈感受到其「古是今非」的立場。茲舉三例：

古之官人也，以天下爲己累，故己憂之；今之官人也，以己爲天下

累，故人憂之。〔註12〕

古之決獄，得民情也，哀。今之決獄，得民情也，喜。哀之者，哀

其化之不行；喜之者，喜其賞之必至。〔註13〕

古之取天下也以民心，今之取天下也以民命。〔註14〕

他常發出這類今不如古之歎，而且不斷提醒讀者需「慎正今非，慎明古是」〔註15〕。現在，我們需要對日休所嚮往的「古」之確切意涵作一番探討。

　　襲美對堯、舜甚爲推崇，他說：

唐、虞之帝五載一巡狩，一載而遍。上以覘侯，下以存民。侯有治

〔註9〕同註8，頁22。

〔註10〕陳弱水，〈柳宗元與中唐儒家復興〉，《新史學》，五卷一期，1992年，頁9～10。

〔註11〕尼豪士曾指出，皮日休的這種論證形式，在先秦的典籍，諸如《論語》、《孟子》，頗爲常見。參見 William H. Nienhauser, Jr., *P'i Jih-hsiu* (Boston: Twayne Publishers, 1979), p. 63。事實上，前文已指出，這是先秦諸子以降，知識分子常用的手法，而不祇局限於先秦儒家的典籍。

〔註12〕《文藪》，〈鹿門隱書〉，頁94。

〔註13〕同註12，頁96。

〔註14〕《文藪》，〈讀司馬法〉，頁62。

〔註15〕《文藪》，〈耳箴〉，頁56。

者陟，不治者黜；民有冤者平，窮者濟。〔註16〕

儘管日休肯定堯、舜的作為「務以道化天下」，但美中不足的是，「其化雖至，其制未備」〔註17〕。換句話說，堯、舜的事跡行宜雖值得效法，然而，就政治制度而言，是時仍未完備。因為聖人之制需至周、孔才臻至完善。

在〈題叔孫通傳〉中，他指出：

> 古之所謂禮不相襲，樂不相沿，何哉？非乎彼聖人也，此聖人也。
> 不相襲者，角其功利之深淺爾。不相沿者，明其文武之優劣爾。故
> 三王迭作，五帝更制；夏、殷易置，文、武遞述。其禮文……猶周
> 公刊之，仲尼正之。以周公之才之美，謂後世無其人乎？乃有仲
> 尼。……是後之制禮作樂，宜取周書孔策為標準也。〔註18〕

襲美強調，三代以降的制度，隨著時間的前進不斷更迭，最終復經「周公刊之，仲尼正之」而成定制，因此，後代「制禮作樂，宜取周書孔策為標準」，不得輕率更易。在另一篇文章，他表達了相似的觀點：

> （太廟）薦饗之儀，籩豆之數，聖人之制定矣。苟非通如周、孔，
> 不相沿襲者，謂時有人乎？無其人制之，謂乎非也，宜矣。〔註19〕

質言之，依皮日休的看法，「聖人之制」歷經周、孔的「刊」「正」之後，已臻至盡善盡美的地步，後代的知識分子賢既不如周、孔，因此，祇需沿襲便足以使天下大治。

要之，襲美所嚮往的「古」主要指涉二方面。一方面，「古」是指人物，亦即古聖先賢，如堯、舜、周公、孔子等；這一點甚為清楚，無需多加贅言。另一方面，「古」是指儒家理想的政治制度；這套制度是自三王以降，經過歷代沿革，復經周公、孔子手中「刊」「正」後的政治制度。後者是皮日休較獨特的見解，我們有必要對其實質內涵加以說明。

皮日休在〈原化〉對這套制度的來源和內涵有一扼要的陳述，他說：

> 聖人之化，出於三皇，成於五帝，定於周、孔。其質也，道德仁義；
> 其文也，《詩》、《書》、《禮》、《樂》。此萬代王者未有易是，而能理
> 者也。〔註20〕

〔註16〕《文藪》，〈霍山賦〉，頁2。
〔註17〕《文藪》，〈讀韓詩外傳〉，頁75。
〔註18〕《文藪》，頁75～76。
〔註19〕《文藪》，〈非沈約齊紀論〉，頁51。
〔註20〕《文藪》，頁21。

〈請行周典〉亦云：

> 周公，聖人也；《周典》，聖人之制也。未有依聖制而天下不治者。

〔註21〕

皮日休的儒道，即是古聖先賢的「道」，其本質乃係仁義道德，其微旨存留於《詩》、《書》、《禮》、《樂》。他同時亦強調，「天未厭亂，不世世生聖人，其道則存乎言，其教則在乎文」〔註22〕。既然不是每個時代皆有聖人，那麼了解聖人的用心便變得很重要了。統治者在明瞭這些用心的同時，祇需遵循聖人所制定的制度，天下必能獲得大治，因爲這是亙古不易的治世之道。

職是之故，孔子作爲中國古代文明的集大成者，受到皮日休的高度推崇：

> 三代禮樂，吾知其損益，百王憲章，吾知其消息。君臣以位，父子
> 以親，家國以肥，鬼神以享。道未可詮其有物；釋未可證其無生。
> 一以貫之，我先師夫子聖人也。〔註23〕

由上述的討論，我們已可看出皮日休的歷史觀之特色。他對歷史發展的看法是，中國至周、孔時代，不論文明或制度都已達到最頂峰；他相信，他的時代祇要實踐周、孔所設計的藍圖，且聆聽其教誨，則上古黃金時代的盛世便會重新降臨。質言之，聖人之制是超越歷史，不受時間限制的。

美國漢學家狄百瑞（de Bary）曾指出理學的幾種特質，他名之爲：基本主義（fundamentalism）、復興主義（restorationism or revivalism）、歷史心靈（historical-mindedness）、人文主義，以及理性主義。儘管狄百瑞的原意是以此作爲概括理學家的思想特色，然而，我們以前三概念，用以勾勒皮日休的思想傾向亦是恰當的。依狄百瑞的界定，基本主義指視遠古流傳下的經典——這些經典陳述此一遠古且反映其特質——爲權威性的，且常傾向於對這些經典作字面解釋。復興主義指試圖將經典中所描繪的黃金時代，重現於今，並恢復其所有重要的各方面。至於歷史心靈指找尋過去的道德教訓和道德見解，以作爲眼前的行爲與制度的模範〔註24〕。這三個概念頗符合皮日休的思想特質。

〔註21〕《文藪》，頁63。

〔註22〕《文藪》，〈原化〉，頁21～22。

〔註23〕《全唐文》卷七九七，〈襄州孔子廟學記〉，頁8354下。襄州治所爲襄陽，同皮日休有地緣關係，且此文內容的行文與反映的思想和〈文中子碑〉、〈請韓文公配饗太學書〉若合符節，推斷其係《文藪》同一時期作品，當不致於錯誤。參較《文藪》，頁35、87～88。

〔註24〕Wm. Theodore de Bary, "Some Common Tendencies in Neo-confucianism", in David S. Nivison and Arthur F. Wright eds., *Confucianism in Action* (Califonia:

　　襲美感歎後代未能守先待後，或者任意更迭，或者越禮，他指摘有這類行為的人都是罪人。為了賡續斯文，他採取了兩個方式加以補救：一方面，正本清源，辨明後人的誤解，並對破壞禮制的人予以譴責；另一方面，彌補禮樂之闕，使其更完善。此即日休所言，「上剟遠非，下補近失」。〔註25〕

　　在〈補周禮九夏系文〉的序言中，他感歎〈九夏歌〉隨樂之崩壞而失傳：

　　嗚呼！吾觀之〈魯頌〉，其古也亦久矣。〈九夏〉亡者，吾能頌乎？
　　夫大樂既去，至音不嗣，頌於古，不足以補亡；頌於今，不足以入
　　用，庸可頌乎？〔註26〕

「太樂既亡」使得「至音不嗣」，他決定作〈補周禮九夏歌〉以補亡佚〔註27〕。另外，襲美亦曾指出，《大戴禮·祭法》雖有「法施於人則祀之」、「能禦大災則祀之」、「以勞定國則祀之」之語，然而，現實的祀典中卻不夠完備，他甚感不妥。他質疑道，何以「以功烈烈於民」且「法施於人」的咎繇、「能禦大災」的伯益、「以勞定國」的周公，竟在祀典上闕如。同樣地，孔子「邁德於百王，垂化於萬世」，其貢獻不可謂不大，然亦闕如。日休因而參補而附之曰：

　　咎繇能平其法以位終，益能立其功以讓禹政。周公以文化，仲尼以
　　德成。非此族也，不在祀典。〔註28〕

上所言日休乃基於「懼聖人之文將亂而墜」的心理，這同面對宗廟祭尸一事的心態是一致的。他指出：

　　聖人知生不足其事，事之死。死不足其思，制之生。生象其死，窮
　　其思也。尸象其生，極其敬也。……故祀享，立尸于廟，王則迎，
　　有拜，有酳，有酢，所以立象生之敬也。〔註29〕

然而，漢魏以降，人們未能洞察其原由，至使「弊怠廢闕」延續至有唐一代。為了「守周、孔禮制」，襲美因而極力呼籲宗廟祭尸不當廢除。

　　對於禮制的損益增刪，日休亦有獨到的看法：

　　夫禮者，足以守，不以加，加則弊；足以加，不以闕，闕則怠；足

　　　　Stanford Univ. Press, 1959), pp. 25~49; David S. Nivison, "Introduction",
　　　　Confucianism in Action, pp. 4~5.
〔註25〕《文藪》，〈文藪序〉，頁1。
〔註26〕《文藪》，頁28。
〔註27〕《文藪》，〈文藪序〉，頁1。
〔註28〕《文藪》，頁44。
〔註29〕《文藪》，〈正尸祭〉，頁74。

以闕，不以廢，廢則亂。〔註30〕

他在〈鄙孝議下篇〉進一步界定了禮制的功用：

> 人之心也，仁者孝有餘；兇者暴不足。故聖人之制禮，非所以懲其
> 不足，抑亦戒其有餘。由是節之以哀戚，定之以封域，制之以斬衰。
> 〔註31〕

「必有嗜欲，必有飢渴」是人的本性，自遠古至今，一直不曾改變，因此，
聖人制禮的目的，除「懲其不足」，亦有「戒其有餘」的作用。他舉「三年之
喪」和「古不修墓」的例子，說明其規範的用意所在，藉此抨擊時人的越禮
與沽名釣譽：

> 今之愚民，既葬不掩，謂乎不忍也；既掩不虞，謂乎廬墓也。……
> 自漢、魏以降，厥風逾甚，愚民蚩蚩，過毀者謂得儀；越禮者謂大
> 孝。姦者憑之，以避征徭；僞者扇之，以收名譽。所在之州鄙，襲
> 石峨然。〔註32〕

循禮大孝之人卻不著錄，越禮者反而受到表揚，皮日休對此頗感不以為然，
因此，他主張「今執事者見愚民之有是者，宜責而不貴，鄙而不旌。則民必
依禮而行矣。苟若是，則隳教之風息，毀制之道壅。」〔註33〕

　　要之，皮日休的這些言論，是針對當時的社會風尚而發的，他責譴責破
壞禮制的行徑，同時亦疾呼統治者從政策面著手，導正違反古禮的社會風氣；
由此我們可以明瞭襲美維護禮教傳統的用心，亦可看出其思想上基本主義與
復興主義的傾向。

　　沈約和叔孫通二人受到皮日休的譴責，主因是他們不明禮制，甚至破壞
禮制。沈約在〈齊紀論〉曾云：

> 太廟四時之祭，各以平生所嗜饗之。漢明帝夢光烈皇后，明旦，車
> 駕至廟，躬拂帷幄，親易粉澤，前史以為美談，此亦先代之舊典也。

日休辯駁道，太廟「以平生所嗜饗之」，是因當時「一隅之國，禮文不備」之
故，漢朝既非「一隅之國」，顯然漢明帝的行為並非大孝；「薦饗之儀，籩豆
之數」，周、孔已有定制；沈約修史，對漢代未沿襲聖人禮制的行為，非但未

〔註30〕同註29。
〔註31〕《文藪》，頁81。
〔註32〕同註31，頁82。
〔註33〕同註31。

駁正反而稱頌之，因此，他認為批評其「妄」是恰當的。〔註34〕

　　類似的態度亦出現於他對叔孫通的看法上。皮日休指出，漢代草創之初，禮壞文毀，斯文廣續艱難，然而，在制定儀禮時，不沿襲古制，且過於草率。國家的大祭，主要在於郊祀和宗廟；叔孫通作為儀禮的制定者，但卻「不為之正郊祀，立宗廟，去秦時之非制，議昭靈之非禮，汲汲於朝會之儀，俾漢天子為高祖，身不得郊見，享不及七廟」，此亦是妄矣。他認為古代的禮樂，歷經「三王迭作，五帝更制；夏、殷易置，文、武遞述」，最後由「用公刊之，仲尼正之」而成定制。職是之故，他主張後人「制禮作樂，宜取周書孔策為標準」，「不明於古制，樂通於時變，君子不由也」。〔註35〕

二、為政之道

　　其次，皮日休的儒道是指「為政之道」。皮日休自言其「弱歲謬知道，有心匡皇符」，如何實踐儒家經世濟民的理想，入仕顯然是最有效的途徑。他強調，「聖人之道，不過乎求用」〔註36〕。早年他苦讀於鹿門，目的也是在於為入仕作準備。皮日休以儒道乃「為政之道」的觀念，在〈鹿門隱書〉的部分段落，有過清晰的表達。

　　孟子曾對伯夷、柳下惠及伊尹三人有過這樣的評語：「伯夷隘、柳下惠不恭」，「五就湯，五就桀者，伊尹也。」〔註37〕襲美的看法是：

> 皮子採廉於伯夷，廉於天下，不為隘矣。擇和於下惠，和於天下，不為不恭矣。取志於伊尹，志於天下，不為不大矣。〔註38〕

他認為，他們的「廉」、「和」、「志」仍值得效法，其理由可從他對伯夷的評語看出。日休云：

> 伯夷弗仕非君，弗治非民，治則進，亂則退。吾得志也，弗為也。不仕非君，孰行其道？不治非民，孰急天下？以非君乎？湯不當事桀，文王不當事紂也。以非民乎？桀民不赴殷，紂士不歸周矣。故伯夷之道過乎高，吾去高而取介者也。〔註39〕

上段引文最值得注意的是，「不仕非君，孰行其道？不治非民，孰急天下」。

〔註34〕《文藪》，〈非沈約齊紀論〉，頁51。
〔註35〕《文藪》，〈題叔孫通傳〉，頁75～76。
〔註36〕《文藪》，〈請韓文公配饗太學書〉，頁87；類似的話見〈悼賈序〉，頁17。
〔註37〕楊伯峻釋注，《孟子釋注》（香港：中華書局，1992年），頁84、284。
〔註38〕《文藪》，頁94。
〔註39〕《文藪》，頁93。

皮日休清楚地表達「吾得志，弗爲也」的堅決立場。對襲美而言，君有道與否顯然並不重要，他在乎的是治民，也唯有如此，儒道才能行於天下。這一點同他對伊尹的看法一致：「蓋伊尹三就五就之心兮，冀其民之可治」〔註40〕。此外，他在〈移元徵君書〉中，亦提醒元徵君：「古之聖賢無不欲有意於民也」，徵君「如終臥陵陽不起，是廢乎古人之道者也。」〔註41〕

既然入仕任官是爲了施行儒道，那麼任官與儒道的關係又是如何？他說：

> 天有造化，聖人以教化禪之；地有生育，聖人以養育禪之；四時有
> 信，聖人以誠信禪之；兩曜有明，聖人以文明禪之。噫！禪於天地
> 者，何獨聖人？……故紆大君之組綬，食生人之膏血，苟不仁而位，
> 是不禪於祿食也，況能禪於天地乎？〔註42〕

官吏受用於天子，且其祿食來自人民，本該以仁居位，有補於天下。居官任職自應實行仁政，不能尸位素餐，否則不衹有愧於天地，且亦失去任官的意義。

他這個看法，在〈題安昌侯傳〉表達得更直接、更清晰。日休認爲，宰相的職責在於「提大政之綱，振百司之領，握天下之樞」，竭力輔佐君主。他批評安昌侯張禹，「空以處斯位」，未盡到宰相之責。他說：

> 禹也爲漢名相，居師傅之尊，處輔弼之位，見災異屢發。上不能匡
> 於君，下不能稱其職，孜孜於卜筮爲事，斯不足以爲賢相之業，……
> 以直論之，近乎佞；以誠論之，近乎僞。僞宰相其名，儒之恥耶！
> 〔註43〕

居輔弼之位而不能推行儒道，日休認爲，這是儒者的恥辱。

皮日休撰寫《文藪》之時，正汲汲於尋求入仕，在幾經下第的情況下，對於空處其位而不能行儒道的官吏，尤爲憤慨。他的這種激越的情緒，在〈鹿門隱書〉中大肆宣泄，對這類官員口誅筆伐，例如：

> 或曰：「我善治苑囿，我善視禽獸，我善用兵，我善聚賦。」古之所
> 謂賊民，今之所謂賊臣。〔註44〕

「爲政之道」的內涵由於牽涉到其政治思想的全部，上述所言關於任官的問題僅是其中之一部分，關於君臣關係（如藩鎮問題）、統治著與被統治者之間

〔註40〕《文藪》，〈悼賈〉，頁19。
〔註41〕《文藪》，頁85～86。
〔註42〕《文藪》，〈鹿門隱書〉，頁94。
〔註43〕《文藪》，頁77～78。
〔註44〕《文藪》，頁98。

的關係等等，我們在討論其社會政治思想時會詳細論及。

三、立身處世之道

皮日休的儒道觀，最後一項特色是，儒道乃係「立身處世之道」。如前文所言，儒道是「爲政之道」，這是就公共生活層面而言；同時，儒道在私人領域中，亦是修身居家之道。皮日休的〈獨行〉，清楚地表達了這個觀點：

> 士有潔其處，介止其於世者。行以古聖人，止以古聖人，不顧今之是非，不隨眾之毀譽。雖必不合於祿利，適乎道而已矣。〔註45〕

他主張，古聖人之道乃是潔身處世的唯一準則。今之是非，眾人的毀譽，皆可棄之不顧；儘管如此，必然不利於謀祿利，但祇要合乎儒道即足矣。

既然他肯定儒道是個人行爲應遵守的範式，那麼他所說的「立身處世之道」，其指涉爲何，我們需要進一步作說明。我們先徵引〈鹿門隱書〉中的部分文字，以見其思想之梗概：

> 或問：「君子之道，何如則可以常行矣？」曰：「去四蔽，用四正，則可以常行矣。」曰：「何以言之？」「見賢不能親，聞義不能服，當亂不能正，當利不能節，此之謂四蔽。道不正不言，禮不正不行，文不正不修，人不正不見，此之謂四正。」〔註46〕

以下亦爲自設問答，討論關於處世須如何才能免乎謗：

> 或問：「將處乎世，如何則可以免乎謗？」曰：「去六邪，用四尊，則可矣。」曰：「何以言之？」曰：「諫未深而謗君，交未至而責友，居未安而罪國，家不儉而罪歲，道不高而淩貴，志不定而羨富，此之謂六邪也。自尊其道，堯、舜不得而卑也。自尊其親，天下不得而詘也。自尊其己，孩孺不得而娛也。自尊其志，刀鋸不得而威也。此之謂四尊也。」〔註47〕

從上兩段文字，我們可以了解，依皮日休的觀點，「立身處世之道」統攝的範圍，主要是倫理和節操。倫理方面，有政治倫理，亦有友悌慈幼之情；節操方面，有志向、操守和個人修養。類似的文字在〈鹿門隱書〉的其他段落亦可看到：

〔註45〕《文藪》，頁53。
〔註46〕《文藪》，頁98。
〔註47〕同註46。

以有善而不進，以有才而不修，孔門之徒，恥也。

知道而不行，知賢而不舉，甚乎穿窬也。……如不行道，足以喪身。

不舉賢，足以亡國。

愛雖至而不衺，讎已危而不擠，勢方盛而知足，利正中而識已，豈

小人之能哉。〔註48〕

儒道在立身處世的層面上，有規範性的一面，強調個人行為範圍有其不可逾越的臨界；同時，亦有主動性的一面，鼓勵士人應積極行道、舉賢，有善如不進，有才而不修，他認為這是儒者的恥辱。

以儒道作為立身處世的原則，在他的六箴裡又反覆強調了一次。皮日休以「心為己帝，耳目為輔相，四支為諸侯」作比喻，說明「行古人之事，有如符節者，其在六箴」。所謂「古人之事」是指，「安不忘危，慎不忘節，窮不忘操，貴不忘道」〔註49〕。「六箴」中論說的觀點，大體未超出我們上文的討論，在此毋庸贅論。需要注意的是，六箴之外的〈靜箴〉，值得我們加以徵引：

冥冥默默，惟道之域。處不違仁，居無悖德。勿欺孩孺，衣冠失則。

勿慢皂隸，語言成隙。深山雖樂，豺狼爾殛。深林雖安，虺蜴爾螫。

居不必野，惟性之寂。止不必廣，唯心之適。勿傲于名，要乎聘帛。

勿矯于節，取乎祿食。躬雖已安，若敵鋒鏑。味雖以甘，若含冰藥。

成吾高風，惟靜之力。〔註50〕

皮日休在〈靜箴〉討論個人修養時，已觸及宋儒關切的「性」這個課題；他在其他文章亦曾談到「窮大聖之始性，根古人之終義」，「窮理盡性，通幽洞微」〔註51〕。襲美所指涉的「性」，在範疇上不見得同宋儒關心的旨趣藕合，可能在意涵上趨近中唐以來對「性」的看法。

日休之前的李翱（習之，774～836）曾撰寫過〈復性書〉。習之在〈中庸〉的基礎上，吸收部分釋老的觀念，對儒家的心性之說加以改造〔註52〕。相較

〔註48〕《文藪》，頁96～98。

〔註49〕《文藪》，〈六箴序〉，頁55。

〔註50〕《文藪》，頁58。

〔註51〕《文藪》，〈十原系述〉，頁21。

〔註52〕《李文公集》卷二。關於〈復性書〉的詳細分析，參見 T.H.Barrett, *LiAo:Buddhist, Taoist, or Neo-Confucian?* (N.Y.: Oxford Univ. Press, 1992), pp. 94～128，以及陳弱水，〈〈復性書〉思想淵源再探——漢唐心性觀念史之一章〉，《中央研究院歷史語言研究所集刊》，第六十九本第三分（1998年6月），頁423～482；關於《中庸》對「性」的看法，參見陳滿銘，《中庸思想研究》（臺北：文津出

之下，日休對心性的看法淺薄得多，且不甚深入。他對心性問題的看法，在
〈相解〉中表達得較清楚：

> 上善出於性，大惡亦出於性。中庸之人，善惡在其化者也。〔註53〕

他解釋說：

> 上善出於性，若文王在母不憂，夷吾弱不好弄，是也。大惡亦出於
> 性，若商臣之蜂目豺聲，必殺其父；叔魚之虎目豕腹，以賄死，是
> 也。中庸之人，善惡在其化，若大舜設化而有苗格，仲尼垂論而子
> 路服，是從善而化者也。若齊桓，管仲輔之則霸，豎貂輔之則亂，
> 是從惡而化者也。〔註54〕

他認為，上善與大惡皆出於性，不可更易；中庸之人可藉著外力使其變善或
者變惡。襲美的觀點很明顯是接手自韓愈〈原性〉中的「性三品」說〔註55〕，
但對於「性」與「情」的可能關聯，他則未觸及。

最後，我們對立身處世的具體規範——禮法——略加討論。在〈鄙孝議上
篇〉皮日休舉舜和曾參二例，說明：「二孝之不受重責，恐夫糜骨節，隳肢體，
有辱于先人也。豈有操其刃割己肉以為孝哉？」藉此闡明孝的真義〔註56〕。
隨後在〈鄙孝議下篇〉，他進一步解釋古聖先賢制禮的目的，在於懲人心之不
足，同時也戒其有餘；因此，對於子貢居於夫子墓側，六年乃去，皮日休頗
不以為然。他批評道：「子貢之罪大矣，口受聖人之言，身違聖人之禮，噫！
甚矣。」因為「三年之喪」乃「天下之通制也」。〔註57〕

質言之，儒道作為修身處世的準則，其具體的形式即是禮法；而這套禮
法毋庸置疑，當然是指古聖之賢制定的禮法。

第二節　社會政治思想

皮日休對儒道的經世功能深信不移，他反覆強調，儒道乃治國的根本之

版社，1989年），頁102～113。

〔註53〕《文藪》，頁63。

〔註54〕同註53，頁63～64。

〔註55〕《韓昌黎文集校注》（臺北：華正，1986年），頁11～3；另參見 Charles Hartman,
Han Yu and the T'ang Search for Unity (New Jersey: Princeton Univ. Press, 1986),
pp.204~210。

〔註56〕《文藪》，頁80～81。

〔註57〕《文藪》，頁81～82。

道，祇要國家實行形塑於周、孔手中的制度，恪守古賢先賢所揭示的儒家信念，天下無不大治，輝煌盛世亦指日可待。現在，我們進一步說明，在儒道的立場上，皮日休的社會政治思想之內涵為何。

一、君臣關係

首先，關於統治階層內部的君臣關係，皮日休的看法具有「君君、臣臣」的精神。他極強調，君王須遵行禮制規範，旌賞有其限度；人臣則須守其本份，不得逾越其職責。我們先以蚩尤和胡建這兩個例子著手，說明日休此一看法。

〈原兵〉一文，襲美先以《管子》曰：「蚩尤割廬山之金以鑄五兵」，以及有人提出「蚩尤古天子」之說法，隨後加以辨明和反駁。他指出，蚩尤乃黃帝之諸侯，因作亂而被黃帝征滅；既然是諸侯，其不足以當天子用兵是昭然之理；所謂蚩尤「鑄五兵」、「古天子」皆前人誤解之故〔註58〕。在〈原祭〉裡他亦指出，蚩尤不道、亂逆，因此不應祭祀。〔註59〕

〈斥胡建〉則是日休針對漢代的胡建所寫的歷史翻案文章。是時，胡建為軍丞（副軍法官），因監軍御史有罪乃擅自斬殺之，此舉後來受到漢廷的詔賞。對於此事，他認為胡建和漢廷皆錯，理由是：司馬穰苴斬莊賈、孫武僇宮嬪，以及魏絳辱揚干的例子，皆符合「古者，將在軍，君命有所不受」之原則；然而，胡建的職務與身份並不適用此一原則；依其職責，祇需上表秉告天子即可，至於刑罰當由天子定奪。胡建的作法乃是越職、擅殺；漢廷未正其罪反而詔賞，兩者皆非是也。最後，日休評論道：「過直近乎暴物，過訐近乎擅命，有之不戢，在家為賊子，在國為亂臣，其建之謂矣」。〔註60〕

依皮日休的觀點，用兵乃天子之事，蚩尤既然亂逆且不道，當然不是「古天子」，亦不可能「鑄五兵」，同時也不配祭祀；同樣地，胡建的行止是越職，漢廷的舉措亦不當。這樣的觀點蘊涵了「正名」、「君君、臣臣」的精神；亦即，君與臣各有其職責，須恪守角色的規範，不得逾越，任何超過分際界限的舉止皆是僭越。他以蚩尤和胡建作例子，說明他對君臣關係的看法，在現實意義上，應當是針對藩鎮問題而發，然其表達的方式較為迂迴，透露出的

〔註58〕《文藪》，頁27。
〔註59〕同註58。
〔註60〕《文藪》，頁67～68。

訊息也略爲隱晦。

然而，當我們進一步檢視〈晉文公不合取陽樊論〉一文時，即可發現，襲美對於晚唐藩鎮坐大的局勢感到憂心。這篇文章一開頭即點出三代以降君弱臣強的原因：

> 三代之賞臣下，以爵，不以位；以名，不以器。迨夫後世，君弱臣侈，撥去古法。能立一功者，先伺君地焉；能立一勳者，先窺君器焉。〔註61〕

故有魯國的三桓、齊國的田常，以及楚國的白公這類的例子；因爲「賞過，有僭生焉。甚至奪主，從來尙矣」。〔註62〕

日休認爲，諸侯的本份乃是：天下無事之時，行德化，奉貢職；天下有事，「申以鍾鼓」，行以征伐，上以定王室，下以正諸侯，此皆諸侯之常節；天子有賜，應推辭，推辭不果，也祇能受爵而不能受地。晉文公有功於天子，天子欲以土地封賞，日休爲晉文公設辭推讓說：「殺兇臣，定王室，乃臣之常也，不足賞也，苟以畿內之地爲臣之邑，是上濫其賜，下僭其受也」〔註63〕。但事實上晉文公不曾推讓，逕直接受，日休認爲此乃僭越之舉。同時，他也指出，周天子賜地予晉，「尙守乎典禮」，其苦衷乃因力量不足以節制晉文公之故。照此情勢推衍，終將使周室陵夷，諸侯日盛：

> 天子之地方千里，不千里則不足以待諸侯。諸侯之地，既侵天子之甸，由削枝者必反乎榦，剝肉者必至乎骨。何者？勢使之然也。
> 〔註64〕

晉文公受陽樊一地之事，說明了二件事：其一，周室衰微，力不足以制諸侯；其二，諸侯自恃其盛，不守常節，挑戰天子的權威。這是一體兩面的事。天子賞賜太過，遂使諸侯有僭越之舉；諸侯有功，自恃強盛，遂有「窺君器」的心態。君不君，臣不臣，無怪乎君弱臣強。這篇文章以史事論時事的態度甚爲明顯，對日休來說，晚唐朝廷與藩鎮之間的互動情況，似乎祇是周室與晉文公之間的唐代翻版罷了。

〈白門表〉一文，皮日休通過老翁之口，直接表達他對藩鎮問題的看法：

> 往年，數萬之卒逐天子命將，自樹其便者，國家以不忍盡殺，因聽

〔註61〕《文藪》，頁46。
〔註62〕同註61。
〔註63〕同註61，頁47。
〔註64〕同註61，頁46。

之。皆賊而不貢，兵而不從，死而輒代，名爲列藩，實一州之主也。

故《春秋》譏世卿得專公祿者。〔註65〕

引文中已指出，朝廷對藩鎮的姑息心態，同藩鎮坐大不無關係。同時，他亦觀察到，財政上的自主權（「皆賊而不貢」），以及對朝廷決策與法令的抗拒（「兵而不從，死而輒代」），使得藩鎮宛如獨立王國。國家的號令已形同虛文，朝廷對藩鎮自然無約束力。因此，他批評說：「名爲列藩，實一州之主也」。

討論藩鎮問題時，值得注意的是，他援引的根據主要來自《春秋》義理。《文藪》中同《春秋》相關的文章，大體上可分成二類：其一，以春秋學作爲立論基礎，對討論中的議題加以廓清，如〈題後魏釋老志〉；其二，探討《春秋》本身，如〈春秋決疑十篇〉。

在〈題後魏釋老志〉中，皮日休對「魏收爲《後魏書》，大夸西域氏之教，以爲議獲休屠金人，乃釋氏之漸也」，深不以爲然。他質疑道：「秦始皇聚天下兵，鑄金人十二於咸陽。漢復置之，豈可復爲釋氏哉？」進而從兩方面批評魏收：一是孔子修《春秋》，對僭王號之君皆削爵爲子，何況是戎狄之道。魏收不能抑西域氏之說，乃聖徒之罪人。另一則是《春秋》爲賢者隱，爲尊者諱，「筆削與奪在手」，春秋筆法自有其深意。魏收如果不是爲了討好當時的統治者，便不會如此。質言之，文中日休關懷的重心在於「夷夏之辨」和《春秋》的義法。〔註66〕

在〈秦穆諡繆論〉一文，襲美闡明秦穆公諡「繆」是恰當的評價，毋庸置疑。他指出，秦穆公納公子摯之言，不先立重耳而先置夷吾，此乃「不仁」之舉。日休說：

聖人務安民，不先置不仁，以見其仁焉；不先用不德，以見其德焉。

苟如是，是見危者已墜而欲援；觀鬥者將死而方救。

襲美在遣詞用字上，強調秦穆公「置」夷吾而非「立」夷吾，用意即是凸顯穆公的私心。當時有人對穆公諡「繆」頗有疑義，皮日休認爲祇要讀過〈秦穆諡繆論〉便會同意諡「繆」是恰當的評價。〔註67〕

《文藪》中關於春秋學的討論，主要集中在〈春秋決疑十篇〉，另外，〈鹿門隱書〉第一則的性質與之類似。襲美以自設問答的方式，針對《春秋》中

〔註65〕《文藪》，頁69。
〔註66〕《文藪》，頁76～77。
〔註67〕《文藪》，頁48。

有疑義的段落或文字加以辨正，闡明孔子的微旨。如〈春秋決疑十篇〉其四云：

> 夫齊桓救衛，不書「狄滅」？晉文召王，而云「狩于河陽」？曰：「狄實滅衛，因桓救而獲全，斯不滅矣；文實召王，因王來而稱狩，斯不召矣。苟桓不能救衛，文不能匡王，必書狄滅衛，晉人召天王於河陽矣。故春秋之時，滅人國者多，救人國家鮮。仲尼旌其卹患也。背周者眾，朝周者鮮，仲尼旌其勤王也。」〔註68〕

日休解釋說，狄雖滅衛，齊桓公救之而獲全，故可說國未滅；不書「狄滅」，乃因春秋時，滅人國者多，救人國者鮮，仲尼表彰桓公「卹患」之故。晉文公雖「召王」，王來而稱狩，可云「不召」；稱王「狩于河陽」，乃因當時背周室者眾，朝之者鮮，文公因能「匡王」，夫子表彰其「勤王」之功。

其他幾則的闡述方式亦是類似的。皮日休的手法是先捻出有疑義之處，接著加以疏通、詮釋，最後藉此闡明孔子的微言大義。

儘管襲美並不參斠注疏，而是直接回歸原典加以闡釋，但不意謂著他對三傳完全摒棄不顧。〈文藪序〉中他表明撰寫〈春秋決疑〉的動機係因「兩漢庸儒，賤我左氏」〔註69〕，由此可知其對《左傳》的重視。關於《春秋》與《左傳》的關係，為了列入學官與否，漢儒曾有過爭辯〔註70〕。依日休的看法，左丘明深明夫子之旨，且復經其解析，才使後人了解孔子的微言，他說：

> 夫仲尼修春秋而依微其旨，固有俟爾。苟無丘明發決其奧，廓通其玄，亦赴來而責實也，非可誣也。〔註71〕

至於《公羊》與《左傳》的解釋或觀點有牴觸時，日休亦認為公羊氏非是。如左氏與公羊氏對於宋和楚於泓的會戰，即有不同的看法。此戰役約略的過程是：宋襄公伐鄭，楚伐宋以救鄭，宋與楚因而戰於泓。楚達戰場時，尚未擺好陣式；是時，任司馬的子魚要求宋襄公發動攻擊，公不允，最終戰敗。公羊氏認為文王之戰，亦不過此。皮日休不同意此一看法，他認為三代降至春秋時，禮樂廢弛，諸侯窮其力以爭勝負，未有所謂的「仁讓」。文王乃「聖人之至」，「雖以德化，未聞不兵而獲者」，泓之戰，文王不為也。因此，他批

〔註68〕《文藪》，頁32。
〔註69〕《文藪》，〈文藪序〉，頁1。
〔註70〕參見沈玉成、劉寧，《春秋左傳學稿》（南京：江蘇古籍出版社，1992年），頁79～80。
〔註71〕《文藪》，〈春秋決疑十篇〉其十，頁34。

評道：「噫！公羊氏違丘明之旨，爲文王之戰，亦不過於此，罪也」。〔註72〕

第一章曾論及，中唐興起的儒家復興浪潮中，新春秋學是其主力之一。以啖助、趙匡爲首的新春秋學運動，標舉泯除三傳門戶以探本經大義的旗幟，試圖從思想、學術上，尋求撥亂反治之道。這代表中唐時期某些知識分子，對安史之亂帶來的大變局之省思，以及企圖重振儒學的努力〔註73〕。但必須指出的是，有新春秋學傾向的士人，不一定是受啖、趙這一脈的影響；亦即這股新的學風仍有其他來源。同時，研究《春秋》亦不局限於經學家，而有一般意義上的文人參與〔註74〕。皮日休雖直探本經大義，然其面對三傳時立場似較重視《左傳》的說法，加上其文人的身份，這皆顯示他未必是受啖趙學派的影響。

晚唐的時局，藩鎮對朝威信的打擊更甚於中唐。如何以儒家的價值和理念重整政治秩序，尤其是政治道德──忠，已是燃眉之急。皮日休辨明《春秋》中有疑慮之外，以及對《春秋》義法的運用，最終目的皆在於求治。儘管襲美在《春秋》思想上的師承關係我們不得而知，但其經世的精神顯然同啖趙學派無太大的差異。

二、統治者與被統治者

對於統治者與被統治者之間的關係，皮日休的看法蘊涵濃厚的民本思想。他將人民的地位抬高，主張國君受用於民；國君是否受人民擁戴，端視其得民心與否。這樣的論調很明顯是受孟子啓發。在此我們先舉〈原用〉和〈原謗〉二文，尤其後者頗爲今人誤讀，更尤待辨正。

在〈原用〉一文，皮日休以自設問答的方式，解釋何以堯非求爲天子，摯之民用之；舜亦非求爲天子，而堯之民用之。他說：

> 堯爲諸侯，非求爲天子也，摯之民用之。舜爲鰥民，非求爲天子也，堯之民用之。曰：「摯與堯，其民俱捨之，則善惡奚分邪？」曰：「摯固不仁矣，堯固仁矣，堯仁如是，民尚慕舜，況有君惡於摯，君道

〔註72〕《文藪》，〈補泓戰語〉，頁 52～53。

〔註73〕參見劉乾，〈論啖助學派〉，原載《西南師範學報》，1984 年一期，頁 59～71，輯入林慶彰編，《中國經學史論文選集》（上）（臺北：文史哲出版社，1992 年），頁 678～701；章群，〈啖趙陸三家春秋之說〉，《錢穆先生八十歲紀念論文集》（香港：新亞研究所，1974 年），頁 149～159。

〔註74〕詳見 Jo-Shui Chen, *Liu Tsung-yuan and Intellectual Change in T'ang China, 773~819* (Cambridge Univ. Press, 1992), pp.143~144。

> 不如堯，焉得民用哉？故曰：聖人不求用而民用之，求用而聖人不
> 用之。」〔註75〕

這段文字清晰地表明，國君能否受用於人民，主動權在人民；國君對人民的統治，基礎在於人民的支持。

〈原謗〉一文亦表達類似的觀點，唯此文頗受今人的誤解，殆係斷章取義所致。以下徵引全文，以資進一步討論：

> 天之利下民，其仁至矣。未有美於味而民不知者；便於用而民不由
> 者；厚於生而民不求者。悉而暑雨亦怨之，祁寒亦怨之。己不善而
> 禍及，亦怨之；己不儉而貧及，亦怨之。是民事天，其不仁至矣。
> 天尚如此，況於君乎？況於鬼神乎？是其怨訾恨讟，蓰倍於天矣。有
> 帝天下，君一國者，可不慎歟？故堯有不慈之毀，舜有不孝之謗。
> 殊不知堯慈被天下，而不在於子；舜孝及萬也，乃不在於父。嗚呼！
> 堯、舜，大聖也，民且謗之。後之王天下，有不爲堯、舜之行者，
> 則民扼其吭，捽其首，辱而逐之，折而族之，不爲甚矣。〔註76〕

海峽兩岸的論者，對皮日休的評價或許不一，但對此文的意見幾乎口徑一致，認爲〈原謗〉的論點受到孟子的啓發，主張國君如賢不及堯、舜，人民起而推翻之，甚至滅其族，皆不算過份；此一主張較諸「聞誅一夫紂矣，未聞弒君也」走得更遠云云〔註77〕。會得出如是的結論，導因於文末這一句話：「後之王天下，有不爲堯、舜之行者，則民扼其吭，捽其首，辱而逐之，折而族之，不爲甚矣」。事實上，這是斷章取義，未從整體掌握皮日休思想的結果。

首先，〈原謗〉是十原系述之一，「夫原者，何也？原其所自始也」〔註78〕，

〔註75〕《文藪》，頁25～26。

〔註76〕《文藪》，頁26。

〔註77〕唯一例外是沈開生。沈氏一反大陸學者對此文的評價，認爲皮日休是「罵民」而非「罵君」，且日休「堅持地主階級立場」，「對人民的污蔑、鄙視」，「超過了一般封建時代的文人」。參見沈開生，〈皮日休同情農民起義嗎？——論皮日休的地主階級立場〉，《北方論叢》，1982年二期，頁35～40。大陸學者論及皮日休時，通常會補上一筆，稱讚他爲封建時代唯一參與農民起義的進步文人；不少論者亦以〈原謗〉的論點係日休參與農民起義的思想基礎。沈氏同其他大陸學者的觀點，正好位於意見光譜的兩個極端。

〔註78〕《文藪》，頁21。襲美接著說：「誰能窮理盡性，通幽洞微，爲吾補三〈墳〉之逸篇，修五〈典〉之墮策，重爲聖人之一經者哉？」其中「重爲聖人之一經」語出韓愈〈答崔立之書〉。皮日休〈十原系述〉似爲模倣退之〈五原〉之作，但他對道德性情不大涉及，關注的層面主要是現實中迫切的問題。

〈原謗〉的宗旨在於追索「謗」的起始來源。皮日休在文中指出，人民對於「美味」、「便民之用」、「厚生」等，不會不知，但對於「暑雨」、「祁寒」、「己不善而禍及」、「己不儉而貧及」等，亦會埋怨。人民對「天尚如此，況於君乎？」因此，堯、舜這樣的大聖人，民且謗之，後世國君不如堯、舜者，人民「扼其吭，捽其首，辱而逐之，折而族之」，似乎不過份。職是之故，他提醒統治者：「有帝天下，君一國者，可不慎歟？」這才是襲美作〈原謗〉的用意所在。同時，該文對人民亦未有責罵之意，而是期待統治者當盡力善待人民，如就此一層面而言，說其受孟子啟發，倒無不可。

其次，日休對無道之君，常有批評之語，但其政治思想仍囿限於「尊君」的範圍。他曾說：「人之生也，上有天地，次有君父。君父可弒，是無天地。乃生人之大惡，有識之宏恥。」〔註79〕君不祇不可弒，即使國君的子嗣不肖，如丹朱、商均，亦不可誅，因「如誅之者，去堯、舜之嗣也，焉有為人臣而去其君嗣」〔註80〕。所謂皮日休的主張，較孟子，「聞誅一夫紂矣，未聞弒君也」走得更遠，顯然是過甚其詞。

最後，我們就外緣因素來考察。《文藪》的性質是應舉用的行卷，目的是希望藉此有助於進士及第；其投獻的對象是考官和其他有力人士，以期獲得賞識。編定《文藪》的第二年，日休即順利及第。如果〈原謗〉真的甘冒不韙，大膽提出人民可以推翻統治者，卻獲得巨門公卿的賞識，且又進士及第，這是說不通的。然而，這類似是而非的論調，似成看待〈原謗〉一文的「共識」，因此需要加以辨明。須強調的是，〈原謗〉末段語多激越，似是有為而發，這一點仍值得我們注意。

皮日休主張君王受用於人民，應善待人民，不能過度勞役人民。勞役人民與否，是「守道之主」與「夸力之主」之間最大的不同。他指出：

> 夫垂後以德者，當時逸而後時美；垂後以功者，當時勞而後時利。若然者，守道之主，惟恐德不美後時，逸於己民也；夸力之主，惟恐功不及當時，勞於己民也。故天下事，不逸不足守，不勞不可去。〔註81〕

他舉隋煬帝的例子，說明此一道理。但對煬帝鑿運河一事，他有異於前人的

〔註79〕《文藪》，〈春秋決疑十篇〉其一，頁32。
〔註80〕《文藪》，〈原刑〉，頁26～27。
〔註81〕《文藪》，〈汴河銘〉，頁41。

評價。日休在其詩〈汴河懷古二首〉其二云：

盡道隋亡爲此河，至今千里賴通波。若無水殿龍舟事，共禹論功不較多。〔註82〕

他認爲鑿運河固然是隋亡的一大禍源，但同時亦肯定因運河的開鑿，而使南北水陸交通大爲改善，對促進經濟活動的發達，有著正面作用。「水殿龍舟」指煬帝曾派黃門侍即王弘等人，至江南建造龍舟及雜船數百艘。「龍舟四重，高四十五尺，長二百丈，上重有正殿、內殿、東西朝堂，中二重有百二十房，皆飾以金玉，……別有浮景九艘，三重，皆水殿也。」〔註83〕若無此事，他的功勞不下於大禹治水。隋所鑿之運河有利於唐，他在肯定此一措施之餘，亦指出「在隋之民，不勝其害也」，因深懼「國家有淇、汴、太行之役」，於是呼籲統治者「守此而已」，「垂後以德」，勿好大喜功而勞役人民。〔註84〕

日休對國家奴役人民不表贊同，對於漢、魏以降，用人民性命爲代價所建立的政權，他更是提出猛烈的抨擊。《司馬法》係古代兵書〔註85〕，日休讀後，大歎「古之取天下以民心，今之取天下也以民命」。他從儒家的民本思想出發，指出唐、虞尚仁，獲人民擁戴，故取天下以民心；而漢、魏尚權，政權建立在殺戮上，故取天下以民命，大不仁矣〔註86〕。在藩鎮割據、動盪不安的時局中，他提這樣的論點，是有一定的現實意義的。他引孟子的言論：「『我善爲陣，我善爲戰』，大罪也！」〔註87〕否定兵法，亦有反對戰爭之意。皮日休對《司馬法》關注，反映他對治術的興趣和經世傾向，但亦可看出他對紛亂的現實頗爲焦慮。

總之，皮日休在看待統治者與被統治者之間的關係時，他主張國君能否有效統治人民，關鍵在於是否獲得人民的支持。這樣的提法，蘊涵著二個觀點：其一，統治者的合法性基礎來自人民；其二，人民對於由誰統治，似乎具有選擇權。這些獨到的看法，並未進一步發展，僅是以此呼籲統治者應照顧人民，切勿勞役人民罷了。易言之，這些思想仍舊在「尊君」觀念的框架

〔註82〕《文苑英華》卷三〇八；《全唐詩》卷六一五。

〔註83〕參見《通鑑‧隋紀四》。

〔註84〕《文藪》，〈汴河銘〉，頁41。

〔註85〕《史記‧司馬穰苴列傳》云：「齊威王使大夫追論古者《司馬兵法》，而附穰苴於其中，因號曰《司馬穰苴兵法》。」後世簡稱爲《司馬法》。參見《史記》卷六十四，頁2160。

〔註86〕《文藪》，〈讀司馬法〉，頁62。

〔註87〕《孟子釋注》，頁325。

下進行，未有重大突破。

三、社會政治評論

　　皮日休的詩文常散發出濃郁的現實感，他自稱其詩文「上剝遠非，下補近失，非空言也」〔註88〕。又云：「日休於文，尚矣。狀花卉，體風物，非有所諷，輒抑而不發」〔註89〕。《文藪》中所輯的詩文，大體上恪守其所揭示的原則。皮日休關切的社會政治問題甚多，涉及的層面亦甚廣，這從〈憂賦〉可窺知。他聲言，撰寫此賦的動機乃因「見南蠻不賓，天下徵發，民力將弊，乃為賦以見其志。」這是針對南詔問題所延伸之社會政治問題而發的。〔註90〕

　　賦中共計出現「是臣憂也」十七次，文末亦云「臣之憂也，盡此而已矣」。那麼他所憂之事為何？要之，賦中涉及的事項甚多，持平而論，不少屬泛泛之論（cliche），未有太多新意〔註91〕。部分問題前文已曾討論，不擬贅論。在此，我們將以他對人民生計的看法作重心，同此相關的社會政治問題亦一併論之。

　　晚唐時局除了前述的藩鎮割據，同時亦面臨嚴重的社會經濟問題。我們舉劉允章〈直諫書〉及盧攜（？～880）〈乞蠲租振給疏〉二例略作說明。劉允章，字蘊中，舉進士，累官翰林學士，承旨禮部侍郎。咸通年間（860～873）出為鄂州觀察使。劉允章曾進〈直諫書〉，痛陳晚唐時弊。他指出當時國有「九破」，仕進有「八入」，而天下蒼生則有「八苦」：

　　　　官吏苛刻，一苦也。私債徵奪，二苦也。賦稅繁多，三苦也。所由乞斂，四苦也。替逃人差科，五苦也。冤不得理，屈不得伸，六苦也。凍無衣，飢無食，七苦也。病不得醫，死不得葬，八苦也。〔註92〕

同時尚有「五去」：

　　　　勢力侵奪，一去也。奸吏隱欺，二去也。破丁作兵，三去也。降人為客，四去也。避役出家，五去也。〔註93〕

他沉痛地說：「人有五去而無一歸，有八苦而無一樂。國有九破而無一成，官

〔註88〕《文藪》，〈文藪序〉，頁1。
〔註89〕《文藪》，〈桃花賦〉，頁9。
〔註90〕有關南詔的問題，詳見王吉林，《唐代南詔與李唐關係之研究》（臺北：聯鳴文化，1982年）。
〔註91〕《文藪》，〈憂賦〉，頁3～6。
〔註92〕《全唐文》卷八○四，頁8450上。
〔註93〕同註92。

有八入而無一出」，這三十種情況，「上古以來，未之有也」。〔註94〕

　　稍後的盧攜亦曾指出人民類似的慘境。盧攜，字子升，宣宗大中九年（855）及第。咸通中，累拜諫議大夫。僖宗乾符四年（877）以戶部侍郎進同中書門下平章事，加門下侍郎，兼兵部尚書。乾符元年（874），盧攜上〈乞蠲租賑給疏〉，指陳關東乾旱，災民無所依投，已至陳屍溝壑的地步；他請求敕令州縣停徵錢稅，速發義倉賑災。〔註95〕

　　皮日休在咸通八年（867）進士及第前，有過長程漫遊的經驗。他曾親眼目睹劉允章與盧攜所描述的慘狀。咸通七年（866），日休舉進士不第，回壽州州東別墅的路上，遭遇因淮右蝗旱轉徙他處的潁州居民，「有父捨其子，夫捐其妻，行哭立丐，朝去夕死」的場面。此際，他深刻感受，安民養民誠然是為政之根本，統治者所當關注的亦當是在此。他感歎地說：「方知聖人教，於民良在斯。癘能去人受，荒能奪人慈。如何司牧者，有術皆在茲」。〔註96〕

　　潁州居民轉徙他處，齕草根、死道邊的慘境，係因天然災害造成，但誠如劉允章所指出，自然因素之外尚有人謀不臧的成份。非荒歲亦有飢民，已無天災可搪塞，而直指人為因素。皮日休在頗受人稱頌的詩〈橡媼歎〉中，描寫一位傴僂老婦，在熟稻遍野的豐年，仍需靠拾橡子充飢。詩中點出了一般百姓生活困苦的關鍵因素之一，在於「狡吏不畏刑，貪官不避贓」，反映出當時吏治的敗壞〔註97〕。這種情形並非晚唐的特產，至少中唐之前已有跡象。中宗時期盧懷慎曾上疏云：

　　　臣竊見內外官人，有不率憲章，公犯贓污，侵牟萬姓，剝割蒸人，鞠按非虛。刑憲已及者，或俄復舊資，雖負殘削之名，還膺牧宰之任，或江、淮、嶺、磧，微示懲貶，而徇財黷貨，罕能悛革。……犯罪之吏，作牧遐方，便是屈法惠姦，恤近遺遠矣。〔註98〕

降至晚唐，吏治更加不堪。賦稅的重擔加上吏治的不良，使人民生活益加艱苦。

　　除了上述因素之外，戍邊征戰亦使人民付出慘重的代價。咸通年間，南詔的問題一直未能有效處理，受朝廷徵招前往禦邊的兵士，大多一去不復回。皮日休亦觀察到這一現象：

〔註94〕同註92，頁8449上～8450上。

〔註95〕《全唐文》卷七九二，頁8302下。

〔註96〕《文藪》，〈三羞詩三首〉其三，頁103。

〔註97〕《文藪》，頁108。

〔註98〕《舊唐書》卷九十八，〈盧懷慎傳〉，頁3067。

去為萬騎風，住作一川肉。昨朝殘卒回，千門萬户哭。〔註99〕

然而，朝廷對捐軀兵士的家屬，卻又多未妥善照顧，遺眷流離失所，「少者任所歸，老者無所攜」，遇上荒年往往「纍纍作餓殍」，對此襲美深表同情，不斷質疑「其命即用矣，其賞安在哉」？〔註100〕

總而言之，人民生計困苦，部分是天然災害造成，但我們從皮日休的評論中，亦可清楚看出，他是將主因指向了統治者。依襲美的看法，為政者平時應重農勸桑，即使荒歲，亦能靠平時的準備渡過難關。他一再強調勿役民，亦是因當時食者眾，耕織者寡；太多的差役會使農村的勞動力更吃緊；征戰不但勞民傷財，又未能撫慰遺眷，遇上荒歲，人民焉得不流離失所；而官吏的剝削，更使人民身陷水火。

皮日休的這些觀察，忠實地反映了晚唐社會政治問題的某些面相。眼前的問題如此迫切，對於深懷儒家經世濟民的皮日休而言，光是譴責顯然是不夠的，因此，他亦試著提出解決之道。襲美的解決方案，主要是建構在其儒道觀上，有些觀點顯得過於浪漫，但亦有切合當前需要的主張。歸結而言，他建議統治者從三方面著手：（一）任用賢者，改善吏治；（二）振興儒學，撥亂反正；（三）施行古聖先賢設計的制度，以臻至黃金時代的盛世。

首先，皮日休認為，吏治敗壞的主因是朝廷不重視任官選才所致。他說：

金貝珠璣，非能言而利物者也。至夫有國者，寶之甚乎賢，惜之過乎聖。如失道而有亂，國且輸人，況夫金貝珠璣哉？〔註101〕

〈賤貢士〉詩中亦表達相同的觀點：

南越貢珠璣，西蜀進羅綺。到京未晨旦，一一見天子。如何賢與俊，為貢賤如此。〔註102〕

「賢」與「俊」對朝廷而言，竟比不上金貝珠璣，吏治自然不能上軌道。加上，所任官吏素質低劣，對人民造成極大的傷害：

國家省閭吏，賞之皆與位。素來不知書，豈能精吏理。大者或宰邑，小者皆尉史。愚者若混沌，毒者如雄虺。傷哉堯舜民！肉袒受鞭箠。〔註103〕

〔註99〕《文藪》，〈三羞詩三首〉其二，頁102。
〔註100〕《文藪》，〈辛妻怨〉，頁107。
〔註101〕《文藪》，〈鹿門隱書〉，頁97。
〔註102〕《文藪》，頁109。
〔註103〕《文藪》，〈貪官怨〉，頁108。

因此，皮日休主張，整頓吏治的根本辦法，唯有使賢者皆能得位；上至朝廷，下至縣邑，皆施行仁義，天下必能太平：

> 吾聞古聖人，射宮親選士。不肖盡屏跡，賢者皆得位。所以謂得人，
> 所以稱多士。〔註104〕

又云：

> 吾聞古聖人，天下無遺士。朝廷及下邑，治者皆仁義。國家選賢良，
> 定制兼拘忌。所以用此徒，令之充祿位。何不廣取人？何不廣歷試？
> 下位既賢哉，上位何如矣？胥徒賞以財，俊造悉爲吏。天下若不平，
> 吾當甘棄市！〔註105〕

「廣取人」、「廣歷試」使「天下無遺士」，上下俱施仁義，天下無不平之理。皮日休認爲，廣開取士途徑，吸納大量優秀的在野知識分子，才能扭轉吏治敗壞的困境。這樣的觀點，同其〈移元徵君書〉的論調是一致的。該文顯示，當時有不少知識分子因憂懼「時弊不可正，主惛不可曉。進則禍，退則安。斯或隱矣」。「此謂之『道隱』」〔註106〕。朝廷如能延攬這類人任官，吏治必能改善。

其次，皮日休懷有深厚的儒家淑世濟民理念，他對古聖先賢的言論，深信不移；認爲祇要統治者明瞭「聖人之道」，且加以貫徹，天下無不大治。襲美對佛教的盛行，頗感不滿，同時對紊亂的時局感到憂心；爲了推行儒教，撥亂反正，在策略上他踵著韓愈開闢出的兩條路徑前徑：一方面，清理門戶，樹立道統；另一方面，堅壁清野，敵我分明；藉此達到淨化及復興儒學之目的。北宋參與振興儒學的知識分子，在作法上亦採取近似的策略。〔註107〕

依皮日休的看法，「儒術之道，其奧藏天地，其明燭鬼神」〔註108〕，而「夫子之道，久而彌芳，遠而彌光。用之則昌，舍之則亡」〔註109〕。他感歎春申君不用儒術，因此敗亡，他說：

> 當斯時也，苟任荀卿之儒術，廣聖深道，用之期月，荊可王矣！
>
> 〔註110〕

〔註104〕《文藪》，〈賤貢士〉，頁110。
〔註105〕《文藪》，〈貪官怨〉，頁108。
〔註106〕《文藪》，頁85～87。
〔註107〕黃進興，《優入聖域：權力、信仰與正當性》（臺北：允晨，1994年），頁247。
〔註108〕《文藪》，〈春申君碑〉，頁38。
〔註109〕《全唐文》卷七九七，〈襄州孔子廟學記〉，頁8354下。
〔註110〕《文藪》，〈春申君碑〉，頁38。

對於外道的攻擊，他則極力反駁。他說：「符朗著《符子》，言項託詆諏夫子
之意者，以吾道將不勝於黃老。」〔註111〕他深不以為然。他通過否定項託的
存在，達至維護儒教之旨。此外，對於雖能「崇吾道」，但有「悖夫大教」之
文，他亦加以辨明。在〈讀韓詩外傳〉一文，他指出「韓氏之書，抑百家，
崇吾道，至矣。夫是者（悖夫大教），吾將闕然。」〔註112〕類似的心情，亦表
達於〈移成均博士書〉，他說：「夫居位而愧道者，上則荒其業，下則偷其言。
業可荒，文弊也；言而可偷，訓薄也。」〔註113〕他對當時太學的「文弊」、「訓
薄」的現象，感到憂心：

> 然則今之講習之功與決釋之功，不啻半矣。其文得不弊乎？其訓得
> 不薄乎？嗚呼！西域氏之教其徒，日以講習決釋其法為事。視吾之
> 太學，又足為西域氏之羞矣。〔註114〕

因此，他敦促成均博士「奚不日誡其屬，月勵其徒，年持文籍，日決百氏，
俾諸生於聖典，洞知大曉」。〔註115〕

韓愈為了同佛老對抗，提出了一套儒家的「道統」系譜，他說：

> 斯吾所謂道也，非向所謂老與佛之道也。堯以是傳舜，舜以是傳之
> 禹，禹以是傳之湯，湯以是傳之文、武、周公，文、武、周公傳之
> 孔子，孔子傳之孟軻，……。〔註116〕

退之提出此說後，孟子成為孔子的傳人之提法，頗為後人接受。皮日休踵此
說，但略作補充，增添了荀卿、文中子王通，而下接韓愈。在〈請韓文公配
饗太學書〉一文，他提出增補後的道統觀：孔子──孟軻、荀卿──王通──

〔註111〕《文藪》，〈無項託〉，頁70。《淮南子·脩務訓》云：「夫項託七歲為孔子師，
　　　　孔子有以聽其言」。
〔註112〕《文藪》，頁75。
〔註113〕《文藪》，頁90。
〔註114〕同註113。黃俊傑教授據此段文字指出，皮日休「責備當時的太學之講習佛學」。
　　　　這是很明顯的誤讀。參見黃俊傑，《孟子》（臺北：東大，1993年），頁195。
　　　　皮日休的意思應該是，釋氏傳授其徒，「日以講習決釋其法為事」；反觀，「吾
　　　　之太學」竟不若釋氏那般積極，此「足為西域氏之羞矣」。又 David McMullen
　　　　提及此文撰於西元 877 或 878 年，亦誤。日休咸通八年（867）進士及第。此
　　　　文輯入《文藪》，係及第前的作品。另，McMullen 稱其身份為 literary official
　　　　並不妥；把篇名中的「移」當成 appointed 亦不妥。參見 David McMullen, *State
　　　　and Scholars in T'ang China* (Cambridge: Cambridge Univ. Press, 1988), p.57.
〔註115〕《文藪》，頁90～91。
〔註116〕《韓昌黎文集校注》，卷一，頁10。

韓愈。退之既然「身行聖人之道；日吐聖人之言」,「吾唐以來,一人而已」,因此日休主張韓愈應在孔廟祭祀之列〔註117〕。此外,他對孟子亦極爲推崇,在〈請孟子爲學科書〉一文,一方面將《孟子》抬高到經書的地位；另一方面,主張在科舉考試科目中,罷《莊子》、《列子》,而以《孟子》爲主。〔註118〕

皮日休的道統觀,對宋初儒者尤有啓發；王通亦因他的推崇而在宋初水漲船高；另外,韓愈入祀孔廟、《孟子》登經部二事,皆在宋代獲得實現。我們在第六章對此會有詳盡的討論。

最後,皮日休主張實行古聖先賢制定的制度。他的復古傾向,前文已曾論及；他的這類看法,有時顯得浪漫而不切實際。〈原寶〉一文堪爲代表。該文日休討論如何使民貴粟帛、重農桑,他以自設問答方式問道：

> 或問或者曰:「物至貴者金玉焉,人至急者粟帛焉。夫一民之飢,須粟以飽之；一民之寒,須帛以暖之。未聞黃金能療飢,白玉能免寒也。民不反是貴,而貴金玉,何哉?」〔註119〕

他的回答是,古聖王貴金玉,乃因「玉所以飾禮,金所以備貢」；既然係「王者之用」,故極其貴重；由此觀之,民不能藏。他進一步說：

> 曰:「……苟爲政者下其令曰:『金玉不藏於民家,如有藏者,以盜法法之。』民不藏矣。法既若是,民必貴粟帛,棄金玉,雖欲男不耕而女不織,豈可得哉?」或者曰:「然。」〔註120〕

這樣的看法蘊涵等差秩序的禮法觀念於其中,亦即金玉乃「王者之用」,人民不能私藏。然而,下達如是的禁令,便能使民貴粟帛、重農桑,這也未免太過於一廂情願了。

皮日休的這種復古傾向,使他往往將眼前的問題,歸結到不實行古代的制度；因爲他堅信,「周公,聖人也；《周典》,聖人之制也。未有依聖制而天下不治者」〔註121〕。《周禮》云:「宅不毛者有里布,田不耕者出屋粟,凡民無職事者,出夫家之征。」對此皮日休奉爲金科玉言,認爲是解決當前問題的良方。他說：

> 如曰:「必也居不樹桑,雖勢家亦出里布。」則途無裸丐之民矣。……

〔註117〕《文藪》,頁88。
〔註118〕《文藪》,頁89。
〔註119〕《文藪》,頁22。
〔註120〕同註119,頁23。
〔註121〕《文藪》,〈請行周典〉,頁22。

如曰：「必也田不耕者，雖勢家亦出屋粟。」則途無餒斃之民矣。……

如曰：「必也凡民無職事者，出夫家之征。」則世無游墮之民矣。此

三者，民之最急者也。有國有家者，可不務乎？〔註122〕

徵稅的目的不衹是「率民而奉君」，亦有鼓勵人民成其業的用意。推行此一制度，衣、食、勞動力這三項當前人民最迫切的需求，皆可獲得滿足。

上引文最值注意的是，皮日休主張勢家「居不樹桑」須「出里布」，田不耕，亦「出屋粟」。此一提法，較《周禮》更進一步之處，在於將勢家亦納入此一規範；如是，已略具「等貴賤」的意涵。亦即，在重農桑的前題下，即使勢家亦不能擁有特權，坐享其成。

〔註122〕同註121。

第五章　皮日休的思想（二）

上一章我們的討論，聚焦於皮日休的儒道觀和政治社會思想，而本章將考察襲美其他方面的觀點：首先，淑世濟民的詩歌精神之繼承；其次，對釋老的態度；最後，後期思想的道家傾向。

第一節　淑世濟民的詩歌精神之繼承

《文藪》輯錄的作品計有十卷，其中詩有一卷，置於末卷，就比例上而言，數量不算太多。這些詩作涵有濃厚的寫實主義精神，如其自云：「狀花卉，體風物，非有所諷，輒抑而不發。」〔註1〕從皮日休的詩作所表達的意念觀之，我們亦可清晰看出，他是站在諷諭詩的傳統上從事詩歌創作。

唐代的新樂府運動，經由元結（次山，719～772）啟其端，復經元稹（微之，779～831）、白易居（樂天，772～846）的大力提倡，於中唐取得甚高的成就。這股風潮對皮日休的詩歌創作，具有明顯的啟發。然而，一般論者提及皮日休受新樂府運動影響時，往往衹注意到元、白對他的影響，而元次山的角色衹是被一筆帶過。

皮日休在編定《文藪》時，頗有師法元結《文編》之意，他在〈文藪序〉云：

> 比見元次山納《文編》于有司，侍郎楊公浚見《文編》，歎曰：「上
> 第，污元子耳！」斯文也，不敢希楊公之歎，希當時作者一知耳。

論者一般引這段文字以說明元結對皮日休的影響，然而，對於襲美與次山的

〔註1〕《文藪》，〈桃花賦序〉，頁9。

關連何在，則語焉不詳。事實上，我們必須強調，次山對襲美的重要性決不下於元、白〔註2〕。我們先以詩題與詩歌內容說明之。

首先，我們以元結〈系樂府十二首〉〔註3〕與日休〈正樂府十篇〉〔註4〕的詩題作成下表以資對照：

系　　　樂　　　府	正　　　樂　　　府
〈去鄉悲〉、〈貧婦詞〉、〈農臣怨〉、〈下客謠〉 〈賤士吟〉、〈頌東夷〉、〈謝天龜〉、〈隴上歎〉	〈卒妻怨〉、〈橡媼歎〉、〈貪官怨〉、〈農父謠〉 〈賤貢士〉、〈頌夷臣〉、〈惜義鳥〉、〈哀隴民〉

其次，再以題旨和句式為例：

系　　　樂　　　府	正　　　樂　　　府
〈賤士吟〉：「南風發天和」 「常聞古君子」	〈賤貢士〉：「南越貢珠璣」 「吾聞古聖王」
〈農臣怨〉：「農臣何所怨」 「謠頌若采之，此言當可取」	〈農父謠〉：「農父冤辛苦」 「美哉農父言，何計達王程」
〈頌東夷〉：「耽此忘純朴」 「蹈海吾將學」	〈頌夷臣〉：「吁嗟華風衰」 「所以不學者」
〈去鄉悲〉：「念之何可說，獨立為悽傷」	〈卒妻怨〉：「誰知白屋士，念此翻欸欸」

通過上列簡要的對照，便可清楚發現，〈系樂府十二首〉與〈正樂府十二首〉之間，在形式和用字上有顯著的類似性。

再就詩歌內容觀之。茲舉二例。〈貧婦詞〉與〈橡媼歎〉皆描述面臨生活困境的婦人之慘狀，次山對婦人的處境「能不為酸嘶」，而襲美則是「不覺淚沾裳」。次山在〈古遺歎〉詩中稱美古時「有國遺賢臣，萬世為冤悲」，襲美〈貪官怨〉亦有「吾聞古聖王，天下無遺士」之語。其餘類似之處，不一一羅舉。總之，〈正樂府十篇〉沿襲〈系樂府十二首〉的精神與形貌殆無疑義，而這一點過去較為人們忽略。〔註5〕

以下我們進一步探討，元結以降，到元、白臻至高峰的新樂府運動，其

〔註2〕關於元結的生平與文學，參見李建崑，《元次山之生平及其文學》（臺北：臺灣商務印書館，1986年）。

〔註3〕元結，《元次山集》（臺北：臺灣中華書局，1968年），卷三，頁1b～3b。

〔註4〕《文藪》，〈桃花賦序〉，頁107～111。

〔註5〕詳見單書安，〈〈正樂府〉仿〈系樂府〉淺說〉，《江海學刊》，1989年第六期，頁165～168。

內容與範疇的轉變。次山曾自述創作〈系樂府〉的動機乃因「古人歌詠，不盡其情聲者，化金石以盡之」〔註6〕，他對詩歌的認識，當是本於《尚書‧堯典》所云：「詩言志，歌詠言，聲依詠，律和聲」；亦即，詩歌被金石的用意，係爲了盡「其歡怨甚耶戲（戲：音「呼」）」。〔註7〕

　　然而，樂府的內涵至元稹和白居易時，已有新的轉變。次山強調樂府能抒發「歡怨」，注重的是情感層面的功能；而樂天則著眼於詩歌的社會作用，揭示新樂府「繫於意不繫於文」，其寫作要旨爲：「首句標其目，卒章顯其志」；「其辭質而徑」；「其言直而切」；「其事覈而實」；「其體順而肆」〔註8〕。元、白有意識地將其社會關懷，通過樂府體裁，傳達淑世濟民的意念，而成所謂的諷諭詩。這些詩不再冠以舊有的樂府題名，而是「即事名篇，無復倚傍」，以自創的新題名之，因此稱爲「新樂府」。〔註9〕

　　樂府詩以古題到命以新題針貶時事的歷史演變過程，所涉及的主要是內容的更迭，至於體裁並無大的突破或變動。這亦表明，元、白等人改革的重點與貢獻在於詩歌的內容。就此一層面而言，皮日休深得元、白之意，他說：

> 樂府，蓋古聖王採天下之詩，欲以知國之利病，民之體戚者也。……
> 詩之美也，聞之足以觀乎功；詩之刺也，聞之足以戒乎政。……由
> 是觀之，樂府之道大矣。〔註10〕

需要指出的是，唐人的新樂府除了諷諭內容的歌詞外，同時亦有與諷諭無關的作品。我們如依內容歸結成諷諭性和非諷諭性兩大類，以《樂府詩集》收輯的作品觀之，兩者在數量上其實是不分上下的〔註11〕。這一現象即使元、白亦所知甚詳。元、白的詩歌主張，雖曾在中唐掀起一陣熱潮，遂有「當時言詩者稱元、白焉。自衣冠士子，至閭閻下俚，悉傳諷之，號爲『元和體』」〔註12〕。然而，所謂競相仿效的「元和體」，僅局限於那些通俗流暢，音韻優

〔註6〕《元次山集》卷三，頁16。
〔註7〕同註6。
〔註8〕白居易，《白居易集箋校》（上海：上海古籍出版社，1988年），〈新樂府〉，頁136。
〔註9〕元稹，《元稹集》（北京：中華書局，1982年），卷二十三，〈古題樂府序〉，頁254～255。
〔註10〕《文藪》，〈正樂府詩十篇序〉，頁107。
〔註11〕詳見王運熙，〈諷諭詩和新樂府的關係和區別〉，《復旦學報》，1991年六期，頁77～81。
〔註12〕《舊唐書》卷一六六，〈元稹傳〉，頁4331。

美的「次韻相酬之長篇排律」和「杯酒間之小碎篇章」〔註 13〕。作爲樂府詩
改革精神的體現者——諷諭詩——在當時不大被人重視,則是不爭的事實,
如「〈秦中吟〉、〈賀雨〉諷諭等篇,時人罕能知者」〔註 14〕,白樂天自己亦有
「人所愛者,悉不過雜律詩與〈長恨歌〉已下耳」的認知。〔註 15〕

　　元、白以降,溫庭筠（飛卿,812？～866）和李商隱（義山,813～858）
亦從事新樂府的創作,其作品以豔麗的色彩、迷離的筆調,著重抒發詩人內
心的苦悶和悲哀,以及刻劃婦女的生活和情思。飛卿和義山的詩篇,不論是
題材或者語言風格,皆同元、白大異其趣,且另僻蹊徑,自成流派。皮日休
批評道:

> 今之所謂樂府者,唯以魏、晉之侈麗,陳、梁之浮豔,謂之樂府詩,
> 眞不然矣!〔註 16〕

這些話即是針對此風而發,因爲他心目中的樂府詩,乃係「欲以知國之利病,
民之休戚者也」。職是之故,爲了對抗侈麗、浮豔的詩風,襲美於是將「有可
悲可懼者,時宣於詠歌,總十篇」,名之爲「正樂府詩」。〔註 17〕

　　要之,從元結的「系樂府」,至元、白的「新樂府」,復至皮日休的「正
樂府」,這一系列概念範疇的更迭,表明了新樂府詩人在思索諷諭樂府的名稱
問題上之演進歷程。元、白不拘泥於舊題,在創作時自命新題,固然是「新
樂府」,但此一名稱容易與同爲「新樂府」的浮豔詩歌混淆。皮日休有意識地
以「正樂府」取代「新樂府」的名稱,目的是同當時侈麗之風的樂府詩作明
確的區隔,且弦外之意,頗有惟關心國之利病、民之休戚的樂府詩,才是眞
正的樂府詩之意。換句話說,襲美有將樂府詩等同於諷諭詩的傾向。此一態
度與元、白略有不同。

　　元、白所創作的樂府詩,如元稹的〈琵琶歌〉、〈小胡笳引〉所側重的是,
描寫音樂技藝,而白居易的〈小曲新辭〉二首,則刻劃宮中行樂的景象。這
都不是諷諭詩。我們須明瞭,諷諭詩是指思想的內容而言,至於樂府詩是就

〔註 13〕 詳見陳寅恪,《元白詩箋證稿》（上海:上海古籍出版社,1978 年）,頁 320～
　　　　 323;曾廣開,〈「元和體」概說〉,《河南大學學報》,第三十四卷二期,1994
　　　　 年,頁 40～41、58。
〔註 14〕 元稹,《元稹集》,〈白氏長慶集序〉,頁 555。
〔註 15〕 白居易,《白居易集箋校》,〈與元九書〉,頁 2795。
〔註 16〕 《文藪》,〈正樂府詩十篇序〉,頁 107。
〔註 17〕 同註 16。

表達的詩體樣式而言；亦即一為內容，一是形式，兩者指涉的對象既有關連，但亦有區別。皮日休同時代的寫實主義詩人，如杜荀鶴、聶夷中，羅隱等人，皆寫過不少針貶時事、關心民瘼的諷諭詩，然皆非樂府詩。同樣地，元、白的樂府詩亦不盡然是諷諭詩。

　　然而，樂府詩與諷諭詩之間的關連和差別，在皮日休的身上獲得統一。在襲美的心目中，樂府這種詩歌形式，其所承載之內容須有助於「觀乎功」、「戒乎政」、「知國之利病，民之休戚」；侈麗、浮艷的詩歌，不可謂之樂府。

　　以上所述，主要討論的是中唐興起的新樂府運動，對皮日休的影響。上文未觸及，但亦值得一提的是古文運動。關於古文運動的淵源、產生背景，以及其重大貢獻，此處不能詳及。質言之，這個運動反對從東漢至陳、隋以來，華麗、講究對仗的駢偶文；在文體上，要求文體復古，運用散文，但非一味文辭復古，而是創新文辭；在內容上，強調「文以明道」、「文以載道」；且在文章氣格上散發渾厚的精神風格〔註18〕。儘管古文運動在晚唐並未能維持中唐的高峰，但此一運動的努力大體上是獲得成功，這一點從晚唐仍有不少知識分子在作品中落實這些主張〔註19〕，如《文藪》即是最好的例證。

　　關於古文運動的主張，皮日休在《文藪》中並不特別標榜，而是在創作中加以實踐。他曾說：

　　　　文學之於人也，譬乎藥。善服，有濟。不善服，反為害。〔註20〕

在其他地方亦曾指出：

　　　　日休於文，尚矣。狀花卉，體風物，非有所諷，輒抑而不發。〔註21〕

但這類言論並不多見。他雖然未刻意強調「文」的性質和作用，但從他的文章所透露的訊息，我們亦可明瞭，在日休心目中，「文」的功能是宣揚儒道，亦是淑世濟民理念的承載工具，因而他堅信，「聖人之文與道也，求知與用」

〔註18〕關於古文運動的相關論述甚夥，參見錢穆，〈雜論唐代古文運動〉，《中國學術思想論叢》（四）（臺北：東大，1991年），頁16～19；羅聯添，《韓愈研究》（臺北：臺灣學生書局，1988年增訂三版），頁213～227；王士菁，《唐代文學史略》（長沙：湖南師範大學出版社，1992年），第十四章；鄧小軍，《唐代文學的文化精神》（臺北：文津出版社，1993年），第七章、第八章；劉國盈，《唐代古文運動論稿》（西安：陝西人民出版社，1984年）；孫昌武，《唐代古文運動通論》（天津：百花文藝出版社，1984年）。

〔註19〕詳見呂武志，《唐末五代散文研究》（臺北：臺灣學生書局，1989年）。

〔註20〕《文藪》，〈鹿門隱書〉，頁92。

〔註21〕《文藪》，〈桃花賦序〉，頁9。

〔註 22〕，換句話說，日休爲文的態度乃是將古文運動的主張實踐在創作中，對於「文」與「道」之間的關連，他在看法上同參與古文運動的中唐士人未有太大出入。

皮日休在詩歌和散文領域的成就，在文學史上佔有什麼樣的地位，並非本書主要的題旨，在此我們想強調的是，襲美既創作樂府詩，亦撰寫古文，聯繫到上一章曾討論過他同新春秋學風的關係，反映出他的思想與中唐儒家復興有密切的關連；亦即，我們在日休身上看到了中唐以降的幾股風潮，產生了匯流（convergence）的現象。皮日休身處晚唐，有意識地以韓愈的追隨者自居，極自然地，中唐儒家復興所湧現的思潮，便成爲他思想上汲取的重要活水源泉。儘管他未發展出完整且深刻的思想體系，但並不意謂他的思想祇是重覆前人的舊調。事實上，他在接手前人的觀念之後，亦添增了一些獨特的個人見解。這些獨特見解，在唐宋之際思想變遷中的重要意涵，我們將在下一章詳加說明。

第二節　對釋老的態度

中唐儒家復興運動中，韓愈的角色極爲特殊。眾所周知，韓愈兼斥佛、道二教。他堅決主張，在世俗與倫理生活中，以儒家之教爲依據的生活方式，是唯一合理的生活態度。世間除了儒道，別無所謂「道」。儒者不能接受任何外於儒家文化秩序的存在方式或精神世界。在唐代的思想氛圍之中，退之的此一見解是一個絕大的突破，在中國乃至東亞思想史上皆具有重大意義〔註 23〕。對此，皮日休稱讚退之「蹴楊、墨於不毛之地，蹂釋、老於無人之境，故得孔道巍然而自正」〔註 24〕，作爲韓愈的追隨者，襲美此一評語的確頗有見地。既然他對退之此一貢獻推崇備置，那麼其對釋老的看法又是如何？我們先就他反佛的立場論之。

皮日休涉及佛教的文字不多，但他反佛的態度極爲鮮明。在〈原化〉一文，襲美先以佛教傳衍的盛況作引子，點出佛教風行的情形，他說：

> 至於東漢，西域之教，始流中夏。其民也，舉族生敬，盡財施濟，

〔註22〕《文藪》，〈悼賈序〉，頁 17。

〔註23〕詳見陳弱水，〈柳宗元與中唐儒家復興〉，頁 44～45；韓愈反佛老的原因，相關分析參見鄧潭洲，《韓愈研究》（長沙：湖南教育出版社，1991 年），頁 152 ～162。

〔註24〕《文藪》，〈請韓文公配饗太學書〉，頁 88。

> 子去其父，夫亡其妻，蚩蚩囂囂，慕其風蹈其梱者，若白川蕩潏不
> 可止者，何哉？〔註25〕

接著評論道：

> 古者楊、墨塞路，孟子辭而闢之，廓如也。……今西域之教，岳其
> 基，而溟其源，亂於楊、墨也甚矣。如是為士，則孰有孟子哉？千
> 世之後，獨有一昌黎先生，露臂瞋視，詬之於千百人內。……苟軒
> 裳之士，世世有昌黎先生，則吾以為孟子矣。〔註26〕

上述引文可作四點分析。其一，日休刻意標明佛教至東漢才傳入，藉此同文章
開頭語「聖人之化，出於三皇，成於五帝，定於周、孔」作對照，以凸顯儒道
的淵遠流長。其二，他強調「西域之教，始流中夏」，彰顯夷夏之辨，鄙其係「夷」
而非「華」也。其三，戰國時代楊、墨學說橫行，對儒家造成極大的威脅，今
日釋家「岳其基，而溟其源，亂於楊、墨也甚矣」。站在儒家的立場上，更迫切
需要反對佛教。其四，對於楊、墨學說橫行，孟子曾「辭而闢之，廓如也」。千
百世之後，獨有韓愈強烈抨擊佛教的危害，猶如孟子的再世。

　　日休在〈鹿門隱書〉的部分文字亦有類似的觀點：

> 或曰：「楊、墨有道乎？」曰：「意錢格薜，皆有道也。何嘗乎楊、
> 墨哉？吾知夫今之人嗜楊、墨之道者，其一夫之族耳。」〔註27〕

「一夫」典出《孟子》。孟子曾說：「賊仁者謂之『賊』，賊義者謂之『殘』。
殘賊之人謂之『一夫』。」〔註28〕亦即「一夫」係指破壞仁義道德的人。

　　很明顯地，皮日反休對佛教的理由，主要著眼於經濟因素，違反中國傳
統倫常，破壞仁義道德等等方面；事實上，襲美的看法祇是重調韓愈的舊調，
並無新意〔註29〕，對於佛教意理則全未觸及。儘管如此，他的反佛立場是極
其堅定、清晰，毋庸置疑的。

　　相對反佛的立場，他對道家的態度就顯得曖昧多了。他的作品從未堅決
反對過道家，即使有批評之語，亦是虛晃一招，即輕輕帶過。我們舉他的名
作〈請孟子為學科書〉作說明。他在該文裡大聲呼籲，應舉科目中應罷去莊、
列之書，以《孟子》為主：

〔註25〕《文藪》，頁 21。
〔註26〕《文藪》，頁 22。
〔註27〕《文藪》，頁 99。
〔註28〕《孟子譯注》，頁 42。
〔註29〕《韓昌黎文集校注》，〈原道〉及〈論佛骨表〉，頁 7～11、354～356。

今有司除茂才明經外，其次有熟莊周、列子書者，亦登于科。其誘
善也雖深，而懸科也未正。夫莊、列之文，荒唐之文也。讀之可以
爲方外之士，習之可以爲鴻荒之民。有能汲汲以救時補教爲志哉？

伏請命有司，去莊、列之書，以《孟子》爲主。〔註30〕

上引文乍見之下，好似皮日休反對《莊子》、《列子》，但其實不然。我們需先
明瞭襲美主張《孟子》爲學科的理由。由文中透露的訊息觀之，簡單說，主
要是二個因素。首先，在文章開端他即強調，「聖人之道，不過乎經」，「子不
異乎道者，《孟子》也」，「其文繼乎六藝」，「眞聖人之微旨也」。亦即孟子深
明夫子之道，後世愛仲尼之道者，無不嗜《孟子》。再者，《孟子》「有汲汲以
救時補教爲志」，以《孟子》爲學科，方能行儒道，補聖化。

明乎此，我們可以知道，在皮日休心目中，國家科舉取士的目的是選拔
有志「救時補教」之士，如是儒道方能實行，聖化才有裨補。同時，我們也
必須強調，所謂「莊、列之文，荒唐之文也」實非批評之語。它的意思衹是
說，讀《莊》、《列》之文，可成「方外之士」、「鴻荒之民」，但無濟於「救時
補教」；以《莊》、《列》爲學科，「其誘善也雖深，而懸科也未正」，顯然同國
家科舉選士之目的相互牴觸。換句話說，襲美顯然不是反對《莊》、《列》之
書，而是反對其列爲考試科目。〔註31〕

在〈通玄子栖賓亭記〉他對道家的態度就更有意思了。栖賓亭主李中白
乃皮日休隱居鹿門時期結交的朋友。無論就中白的姓名，或文中襲美對中白
居住環境的描述，推測中白爲道家之流的人物，殆無疑義。日休陳述爲該亭
命名的經過和緣由時，他說：

古者有高隱殊逸：未被爵命，敬之者以其德業，號而稱之，玄德玄
晏是也。天學高行遠謂之「通」，志深道大謂之「玄」，男子通稱謂
之「子」。請以「通玄」爲其號，請以「栖賓」爲亭名。噫！知我者，

〔註30〕《文藪》，頁 89。

〔註31〕同註 30。黃俊傑教授曾指出，皮日休撰〈請孟子爲學科書〉，「就他所處的時
代背景來看，可以視之爲對於道家的最後一擊」，且「是對於日趨衰落中的道
教的一項打擊」。參見黃俊傑，《孟子》，頁 194～195。這樣的說法，有待商榷。
我們已指出，日休對《莊》、《列》的意見，實非批評語，因此，自然無所謂
的「一擊」。另，所謂「日趨衰落中的道教」恐怕亦符實際的狀況。關於晚唐
道教的發展，參見卿希泰主編，《中國道教史》（四川人民出版社，1992 年），
第二卷，頁 358～382；任繼愈主編，《中國道教史》（上海：上海人民出版社，
1990 年），頁 285～287、427～433。

不謂我爲佞友矣。〔註32〕

古人因敬人之德，乃諡之「玄德玄晏」。「玄德」指許劭，世稱玄德先生；「玄晏」指隱士皇甫謐，號玄晏先生。日休與中白兩人原本皆有隱居至老的打算，然「中白以時不合己，果償本心」，而日休「以尋求計吏，不諧夙念。今至是境，語及名利，則芒刺在背矣」〔註33〕。多年後，襲美重返此地，何以「語及名利」時會有芒刺在背的不安感？這可說反映了他當時的心理狀態。他在〈請孟子爲學科書〉稱許「《孟子》之功利於人亦不輕矣」〔註34〕；〈皮子世錄〉亦自我期許爲「立大功，至大化，振大名者」〔註35〕。顯然，名利並非不能語。皮日休坐立不安，恐怕是自形慚穢的成份居多。

最後，我們再舉〈移元徵君書〉作例子。文中皮日休將隱者區分成三類：道隱、名隱、性隱。所謂「性隱」指：

> 行有過僻，志有深傲，飾身不由乎禮樂，行己不在乎是非。入其室者惟清風；穿其牖者惟明月。木石然，麋鹿然，期夫道家之用，以全彼生。……性隱者，野人也。〔註36〕

他勸告元徵君：「如終臥陵陽而不起，是廢古人之道者」，因爲日休聞古之聖賢無不欲有意於民也。」〔註37〕日休此時正汲汲於仕進，希冀自己有一番大作爲；基於這個立場，他對「終臥不起」雖不表贊同，但亦看不出有批評的意思。

總之，皮日休的這種態度，同其堅決反對佛教的立場相較，我們可以清楚看出，襲美反佛，但對道家則屢屢顯露出若離若即的曖昧態度。這應是寓吳時期道家傾向的張本。

第三節　後期思想的道家傾向

今日所見皮日休的作品，主要集中在《文藪》和《松陵集》。前者作爲行卷之用，代表其及第前的思想；這時期的思想特色及相關問題，已如前文所述，此處不再贅論。上一章一開頭已聲言，爲了分析上的方便，我們的權宜

〔註32〕《文藪》，〈通玄子栖賓亭記〉，頁72。
〔註33〕同註32。
〔註34〕《文藪》，頁89。
〔註35〕《文藪》，頁118。
〔註36〕《文藪》，頁85～86。
〔註37〕同註36。

作法是以《文藪》的觀點作為前期的思想，而以寓吳時期的著述——主要是
《松陵集》裡所輯之詩作——作為後期的代表。儘管離京後的作品我們所能
見及的絕大多數為詩作，使得我們對他的思想之掌握，受到一定程度的局限，
但我們仍舊可以清楚看出，襲美前期儒家淑世濟民的積極入世精神，有著明
顯消褪的跡象。以下我們將針對此一轉變加以分析。

　　皮日休的思想轉變，在詩歌的寫作形式與內容上，反映得最為明顯。首
先，他在早期創作〈正樂府詩十篇〉時，曾指出府樂詩的性質和功用：「樂府，
蓋古聖之探天下之詩，欲以知國之利病，民之休戚者也。」又云：「詩之美也，
足以觀乎功；詩之刺也，聞之足以戒乎政。」〔註38〕這都表明了他創作樂府
詩的動機。然而，就今存後期的詩作，卻未見任何一首樂府詩，反而充斥著
大量的遊戲作品，由此可知，他對詩歌的本質，在認識上或心態上已有所不
同。其次，後期的歌詠主題，主要是生活上的瑣碎事物，並不具有多大的現
實意義。早期關心民瘼的詩作，如〈正樂府詩十篇〉、〈三羞詩三首〉，這類基
調已不復彈奏；相反地這些注重內容的素樸風格，現已讓位於怪怪奇奇的文
字遊戲。質言之，日休創作的關懷重心，已由內容轉至形式。〔註39〕

　　後期的詩作最醒目的是，他以大量的道教辭彙、典故入詩，茲舉二例說
明之。
　　〈奉和魯望招潤卿博士，辭以道侶將至之作〉云：
　　　　瘦木樽前地肺圖，為君偏輅俗功夫。靈真散盡光來此，莫戀安妃在
　　　　後無。〔註40〕
張賁，字潤卿，曾任廣文博士。詩中「地肺」指句曲山，位於江蘇句容東南，
南朝陶弘景曾隱居於此〔註41〕；道家稱該處為七十二福地之第一福地。「靈真」
指道侶，「安妃」為仙女名。另如〈寒夜文讌潤卿，有期不至〉云：
　　　　草堂虛灑待高真，不意清齋避世塵。料得焚香別無事，存心應降月
　　　　夫人。〔註42〕

〔註38〕《文藪》，頁107。
〔註39〕王盈芬，〈皮日休詩歌研究〉（嘉義：中正大學中文研究所碩士論文，1992年），
　　　　頁74～80。
〔註40〕《松陵集》卷九，頁17b～18a。
〔註41〕《梁書》（臺北：鼎文書局，1986年五版），卷五十一，〈陶弘景傳〉，頁742
　　　　～743。
〔註42〕《松陵集》卷九，頁21b。

詩中之「眞」指眞人。道家稱存養本性得道者爲眞人。這裡是指張賁。

上引二詩皆涵有濃厚的道教氣息，調性上同《文藪》所輯之詩作不類。當然，《文藪》中的部分詩歌，亦有以道教或道家的辭彙和典故入詩，但與後期的意象和心態並不相同，如〈盧徵君〉詩曰：

> 銀黃不妨懸，赤紱不妨被。而於心中抱，獨作羲皇地。〔註43〕

又如〈李翰林〉詩云：

> 大鵬不可籠，大椿不可植。蓬壺不可見，姑射不可識。五岳爲辭鋒，
> 四溟作胸臆。〔註44〕

這是因盧鴻和李白俱有道家傾向，日休詩中使用這些意象是爲了對他們作更貼切的描繪。這同後期的心境並不相類。

皮日休的這種轉變，有兩項決定性的因素。

其一，交友圈與地理環境。前者尤爲關鍵。皮日休寓吳期間，結交的對象以文士、隱士和僧道居多。文士如陸龜蒙、張賁、鄭璧，隱士如魏朴，皆有濃烈的出世傾向。他們的詩作往往傳達出對道教的方外世界懷有濃郁的情思和神往的意態。我們先舉陸龜蒙爲例。他的〈文讌潤卿博士，辭以道侶將至，因書一絕寄之〉詩曰：

> 仙客何時下鶴翎，方瞳如水腦華清。不過傳達楊君夢，從許人間小
> 兆聽。〔註45〕

「方瞳」指千歲者。道家認爲眼方者千歲，因以方形瞳孔爲仙人之證。他的另一首詩〈潤卿遺青飯兼之一絕，聊用答謝〉云：

> 舊聞香積金仙食，今見青精玉釜餐。自笑鏡中無骨錄，可能飛上紫
> 雲端。〔註46〕

道家以南燭汁浸米，蒸作飯，稱爲「青飯」。「骨錄」指成仙之骨仙。

我們再以張賁作例子，他的詩〈以青飯分送襲美，魯望因成一絕〉曰：

> 誰屑瓊瑤事青飯，舊傳名品出華陽。應宜仙子胡麻拌，因送劉郎與
> 阮郎。〔註47〕

「劉郎」、「阮郎」喻指皮、陸二人。後二句典故，出自劉晨、阮肇遇天臺仙

〔註43〕《文藪》，頁105。
〔註44〕《文藪》，頁106。
〔註45〕《松陵集》卷九，頁17b。
〔註46〕《松陵集》卷九，頁19a。
〔註47〕《松陵集》卷九，頁18b。

女事，原指劉晨、阮肇上山採藥，因路遠不得返，後欲下山，見溪中有一杯流下，中有胡麻飯，乃仙女所賜。張賁的另一詩〈奉和襲美寒夜見訪〉云：

> 雲孤鶴獨且相親，仿效從它折角巾。不用吳江歎留滯，風姿俱是玉清人。〔註48〕

詩中「玉清」乃道家三清境之一，係天帝所居。

同為此文人集團的鄭璧則有〈寒夜文讌潤卿，有期不至〉，詩云：

> 已知羽駕朝金闕，不用燒蘭望玉京。應是易遷明月好，玉皇留看舞雙成。〔註49〕

道家謂，天上有黃金闕，而白玉京則為天帝居處。另，「易遷」為仙境名，「雙成」則是西王母侍女。鄭璧另一詩〈奉和襲美傷開元顧道士〉曰：

> 斜漢銀瀾一夜東，飄飄何處五雲中。空留華表千年約，纔畢丹爐九轉功。〔註50〕

「九轉功」為煉丹最高境界。詩中散發濃郁的鉛汞味。

上舉之例，光就詩作的遣辭用字和意境言之，已足以顯示以皮、陸為核心的這個文人集團，其成員的思想傾向為何。

陸龜蒙詩中好用道教醮斗鍊丹、羽化成仙之詞，且由其〈上元日道室焚修寄襲美〉〔註51〕及〈四月十五日道室書事寄襲美〉〔註52〕觀之，魯望不但深受道教影響，且亦習道事。至於張賁，他在進士及第後，曾任廣文博士，然旋辭官，隱於道教勝地茅山，潛心修道。皮日休〈懷華陽潤卿博士三首〉其一稱他：「先生一向事虛皇，天市壇西與世忘。環堵養龜看氣訣，刀圭餌犬試仙方。」〔註53〕其二亦云：「冥心唯事白英君，不問人間爵與勳」〔註54〕。加之前引張賁的詩作，皆可證潤卿信仰道教頗為虔誠。

至此，我們對於此一文人集團參與成員的道教傾向應有清楚的認識。皮日休身為此文人圈的核心之一，在道教思想氛圍的籠罩下，其日趨受影響自是可期。我們在前文已指出，襲美面對道家時，常顯露出曖昧、若離若即的

〔註48〕《松陵集》卷九，頁 20a。
〔註49〕《松陵集》卷九，頁 22a。
〔註50〕《松陵集》卷九，頁 10a。
〔註51〕《松陵集》卷六，頁 11a。
〔註52〕《松陵集》卷七，頁 3a。
〔註53〕《松陵集》卷七，頁 7b。
〔註54〕《松陵集》卷七，頁 8a。

態度；這種態度，當是此時期道家傾向的張本。

　　須進一步強調的是，此一文人圈的重要交流活動乃是創作唱和詩，而唱和活動應對皮日休具有重大影響。唱和活動著重的是，唱和作品之間的交互感發，且講究題材上的近似性，以及形式上的呼應，因而無形中促成了詩歌風格的統一。質言之，這不衹是詩歌形式的互動，同時亦是思想上的交融。因此，唱和活動對皮日休思想的影響是不容忽視的。

　　附帶提一下地理環境。晚唐紛亂的時局中，相對而言，吳地屬於安定的區域。道教經典中所記載的三十六洞天，以及七十二福地，有不少位於吳地〔註55〕。由日休的詩題觀之，我們注意到，他和陸龜蒙屢遊道觀和道教勝地；這種環境的感染，亦爲他的道教傾向，提供了良好的發育溫床。

　　再者，心境的轉變。前述寓吳期間，通過交遊圈的互動，以及環境的感染，皮日休的思想染上道家清幽的色彩；這是就外在因素而論。往昔，襲美曾以職業世襲不易，藉以比喻自己對儒道的堅持，這段期間環境氛圍固然對他造成影響，但心理因素恐怕起著更重要的作用。

　　前期皮日休昂揚著儒家積極進取的入世精神。咸通三年（862）初次應舉時，他懷著滿腔熱血，獻上〈請韓文公配饗太學書〉、〈請孟子爲學科書〉二通，疏奏雖不答，但襲美依然熱情不減。咸通八年（867），皮日休終於以榜末及第。這是他有生以來最風光的時刻，似乎《文藪》中所倡言的理想，獲得實踐的日子已不遠矣。他在參與了爲新科進士舉辦的杏園宴後，寫了一首詩給同年的友人，詩裡的字句掩不住心中的喜悅之情。〔註56〕

　　然而，好景不常，隨後他參加了吏部的銓選，即遭到下第的命運。襲美寫給曾提拔他的官員的詩中，表達了內心失望落寞的心情。〔註57〕

　　皮日休早先雖曾有舉進士不第的挫折感，然其詩文表達的基調，仍舊洋溢著樂觀、奮進的音符。宏詞不第，顯然帶給他極大的打擊，而這是因過高的預期所帶來的挫敗感。

　　既然無法釋褐任朝官，他決定離京尋求入幕的機會。然而，在東遊的途中，襲美的心情卻出現前所未有的低調。〈題潼關蘭若〉詩云：

〔註55〕詳細分佈，參見卿希泰主編，《中國道教史》，頁459～464。
〔註56〕《全唐詩》卷六一三，〈登第後寒食，杏園有宴，因寄錄事宋垂文同年〉，頁7068。
〔註57〕《文苑英華》卷二六四，〈宏詞下第感恩獻兵部侍郎〉。

潼津罷警有招提，近百年無戰馬嘶。壯士不言三尺劍，謀臣休道一
丸泥。昔時馳道洪波上，今日宸居紫氣西。關吏不勞重借問，棄繻
生擬入耶溪。〔註58〕

詩題中的「蘭若」乃梵語「阿蘭若」的省稱，指寺院。「招提」係寺院的別稱。
《東觀漢記》云：「囂將王元說囂曰：『元請以一丸泥爲大王東封函谷關，此
萬世一時也。』」〔註59〕「一丸泥」比喻地勢險要，祇需泥丸封塞，即可阻敵。
「昔時」二句係言山河變異。最後「關吏」二句來自《前漢書》典故：漢代
的終軍年十八，被選爲博士弟子。徒步入關就學，關吏給予入關憑證（「繻」），
終軍曰：「大丈夫西游終不復傳還。」棄繻而去。後來終軍爲謁者（官名），
使行郡國，持節出關。關吏識之，曰：「此使者乃前棄繻生也。」後世以此爲
少年的立志典範〔註60〕。又，詩中「耶溪」即「若耶溪」，位於浙江紹興東南
若耶山下，道家稱爲神仙所居之福地。

安史亂後降至晚唐，社會上表面雖無大規模的戰亂，實質上整個國家已
千瘡百孔，難以挽回頹勢了。皮日休曾多次長途漫遊，對時局的紊亂現象，
亦有深刻認知。詩中用終軍典故，不是作爲自我期許的典範，而是凸顯出心
志的消沉。「棄繻」原本是爲了表示意志堅定、積極入世的精神昂揚，然而，
襲美卻是藉此表達其出世的念頭。

皮日休原先意氣風發的音調，至此轉折成蒼涼的歎息。詩中首次透露出
求仙學道的情懷。這是襲美離開鹿門尋求仕進之後，所不曾有過的轉變。這
樣的心境入吳後，在交友圈的互動及人文環境感染的交互影響下，使得原本
隱晦的道家傾向愈趨明顯。

最後，筆者想說明皮日休在出世與入世之間擺盪的矛盾心理，以及對佛
教的態度轉變。

以皮、陸爲核心所構成的唱和圈，其成員如陸龜蒙、張賁等人，有習道事
的行爲，而皮日休的詩作亦多次透露出對道教神仙世界的嚮往。然而，並未有
直接證據顯示，他有習道事的行爲；或許，他對道教所構築的方外世界，僅止
於傾慕而已。同時，我們也注意到，至此，他仍未放棄儒家淑世濟民的初衷。

〔註58〕《文苑英華》卷二三九。
〔註59〕劉珍，《東觀漢記校注》（鄭州：中州古籍出版社，1987年），卷二十三，〈隗
　　　　囂載記〉。
〔註60〕《漢書》（臺北：鼎文書局，1986年六版），卷六十四下，〈終軍傳〉，頁2814、
　　　　2819〜2820。

　　國勢日蹙，而皮日休又未能通過吏部的銓選，釋褐入朝籍；他希圖藉著從政來實踐儒道的念頭，顯然受到了挫折。個人的渺小化，使得退隱的念頭逐漸浮現：

　　　　甘將一蘊書，永事嵩山伯。〔註61〕

　　　　茲地足靈境，他年終結宇。敢道萬石君，輕於一絲縷。〔註62〕

　　　　今日到孤園，何妨稱弟子。〔註63〕

　　　　京洛往來客，暍死緣奔馳。此中便可老，焉用名利爲？〔註64〕

但襲美的這些念頭並非看破紅塵名利，從此不與世爭，而是對自己遭遇有些不甘心，有些怨言：

　　　　玄籙乏仙骨，青文無絳名。雖然入陰宮，不得朝上清。對彼神仙窟，

　　　　自厭濁俗形。卻憎造物者，遣我騎文星。〔註65〕

「青文無絳名」意謂仙籍中沒有名字。「上清」乃道家幻想的仙境。「騎文星」指從事詩文創作。詩中表達了對仙境的仰慕與己身的無奈。他有時如〈上眞觀〉詩所言：

　　　　明朝若更住，必擬騙儒冠。〔註66〕

然而，這種念頭並不徹底。在〈太湖石〉這首詩中，皮日休先是用形象的比喻，對太湖石的奇形怪狀作了一番描繪，接著指出這些採得不易的太湖石，是供達官貴人玩賞用的，而地方官亦藉此邀取利祿。最後，話鋒一轉，他舉「王佐士」與太湖石作對照，感慨能輔佐天子之士尚不如太湖石被統治者賞識。他說：

　　　　苟有王佐士，崛起於太湖，試問欲西笑，得如茲石無？〔註67〕

漢代的桓譚曾云：「人聞長安樂，則出門西向而笑；知肉味美，則對屠門而大嚼。」長安爲漢京，人們西望長安而笑，係仰慕帝都之意〔註68〕。上引詩大意爲，要是太湖地區出現能輔佐天子之士，試問他的這種願望能如太湖石那般獲致賞識嗎？這名「崛起於太湖」的「王佐士」，不正意謂著日休自己嗎？

〔註61〕《松陵集》卷三，〈初入太湖〉，頁 2b。
〔註62〕《松陵集》卷三，〈遊毛公壇〉，頁 6a。
〔註63〕《松陵集》卷三，〈孤園寺〉，頁 11a。
〔註64〕《松陵集》卷三，〈銷夏灣〉，頁 12b。
〔註65〕《松陵集》卷三，〈入林屋洞〉，頁 4b。
〔註66〕《松陵集》卷三，〈上眞觀〉，頁 12b。
〔註67〕《松陵集》卷三，頁 13b～14a。
〔註68〕桓譚，《新論‧琴道》（臺北：藝文，1965 年）。

類似的觀點在〈奉酬崔璐進士見寄次韻〉詩，表達得更清楚：

> 伊余幼且賤，所稟自以殊。弱歲謬知道，有心匡皇符。意超海上鷹，
> 運蹶轅下駒，縱性作古文，所爲皆自如。但恐才格劣，敢誇詞彩敷。
> 句句考事實，篇篇窮玄虛。誰能變羊質？竟不獲驪珠。〔註69〕

揚雄曾說：「羊質虎皮，見草而說，見豹而戰，忘其虎之皮矣。」〔註70〕詩中
「羊質」即「羊質虎皮」，喻虛有其表。「驪珠」，原指寶珠，在此喻功名或官
位。皮日休在詩中自許是年少即明瞭儒道的「王佐士」，但卻未獲官位，以輔
佐君主施行政令（「匡皇符」），因此深感遺憾。

討論至此，我們已了解，皮日休的心境處於一種出世抑或入世的緊張狀
態（tension）。他思索仕進的問題時，常陷入隱或仕的糾結，因他明白能否入
仕，決定權非由自己所能掌握；同時，在面對世界的態度上，他亦在「儒」
與「道」之間不斷擺盪。職是之故，他在寄給好友裴坦的詩〈吳中書事，寄
漢南裴尚書〉云：

> 青梅蒂重初迎雨，白鳥群高欲避潮。唯望舊知憐此意，得爲傖鬼也
> 逍遙。〔註71〕

襲美希望好友能了解他的處境；他何以要飛「高」，乃因想「避潮」。日休的
心理狀態由此可見一斑。

早年皮日休循著韓愈的腳踵，反對佛教的立場甚爲堅定。他稱許退之抨
擊佛教，「露臂瞋視，詬之於千百人內」；對於佛教徒「舉族生敬，盡財施
濟，子去其父，夫亡其妻」的現象，他亦大表不滿，認爲「亂於楊、墨也甚
矣」〔註72〕。魏收修《魏書》，對「戎狄之道，不能少抑其說」，反而「大夸
西域之教」，對此皮日休曾加以譴責。〔註73〕

然而，寓吳期間，他一反往昔，不但屢遊佛寺，且同僧人的交往頗爲頻
繁，他的詩作如〈初夏遊楞伽精舍〉、〈奉和魯望同遊北禪院〉、〈夏景無事，
因懷章、來二上人二首〉等皆是證明〔註74〕。最值得玩味的是〈開元寺佛鉢
詩序〉一文所反映的心態，全文徵引如下：

〔註69〕《松陵集》卷二，頁 14b。

〔註70〕揚雄，《法言·吾子》（臺北：藝文，1965 年）。

〔註71〕《松陵集》卷七，頁 11a～11b。

〔註72〕《文藪》，〈原化〉，頁 21～22。

〔註73〕《文藪》，〈題後魏釋老志〉，頁 76。

〔註74〕《松陵集》卷二，頁 8b～9b；卷六，頁 1b；卷七，頁 8b。

〈釋法顯傳〉云：佛缽本在毘舍離，今在乾陀衛。竟若干百年，當復至西月支國。若干百年，至于闐國。若干百年，當至屈茨國。若干百年，當復來漢地。晉建興二年，二聖像浮海至滬瀆。僧尼輩取之以歸，今存于開元寺。後建興八年，漁者於滬瀆沙汭上獲之，以爲白類，乃輂而用焉。俄有佛像見於外，漁者始爲異，意滬瀆二聖之遺祥也，乃以缽供之。迄今尚存。余遂觀而爲之詠，因寄天隨子。〔註75〕

對於佛缽從毘舍離傳至中土，以及漁民在沙洲上發現二聖像及以缽供奉，皮日休的反應大異於前；他未曾大肆撻伐，「少抑其說」；述及此事時，雖不至於「大夸西域之教」，但還是爲之歌詠，寄給天隨子陸龜蒙。這對早年的皮日休是不可想像的舉措。

總之，皮日休對釋老看法的改變，不祇是思想的變化，更重要的是，這意謂著人生觀與世界觀的轉變。襲美對道家的方外世界頗爲心儀，使得他在入世與出世之間不斷徘徊，內心痛苦地爭扎於兩極之間，久久不能掙脫；同時，對佛教的敵意亦消失殆盡。早年積極入世的熱情雖有退消的跡象，但儒家經世濟民的初衷，一直不曾放棄，這可能是皮日休願意離開吳地前往京城任官的動力之一。

〔註75〕《松陵集》卷七，頁 1a～1b。

第六章　唐宋之際思想變遷中皮日休的角色

　　上兩章我們從共時性（synchrony）的角度，分析皮日休思想中的儒學特色，以及他剖析他的時代後所提出的解決之道，另外，寓吳時期思想上的道家傾向亦兼有論及。現在，我們將從歷時性（diachrony）的角度，考察日休在唐宋之際思想變遷中所扮演的角色。

　　中唐湧現的儒家復興運動浪潮中，其參與成員的努力，主要分殊成二條線：一是振興傳統的儒學；另一則是從事儒學更新的改造。前者以柳宗元為代表；後者則以韓愈和李翱為典型。〔註1〕

　　皮日休作為中唐儒家復興的思想遺產承繼者，他亦以振興儒學為己任；在中唐儒家復興的陣營中，他對於韓愈推崇備至，且以退之的追隨者自居。考察襲美的思想，我們發現，他雖未投入儒學更新的改造行列，但他並未意識到，他的儒學思想混雜著舊因子和新成份；亦未察覺到，他是處於儒學的轉折階段，從事提倡儒學工作。

　　但是，我們必須強調，在推動舊儒學的努力過程中，襲美亦有一些獨到的見解；我們將這些看法置於唐宋之際思想變遷的脈絡中，即可看出，皮日休的一些觀點，反映了唐宋之際的某些思想變遷趨勢。其中至少涵括了三方面：（一）王通聲望提高，且成為道統的傳人；（二）《孟子》地位攀升，由子部登經部；（三）明確地從學術思想角度評價韓愈，以及韓愈在宋代入祀孔廟。

〔註 1〕 Jo-Shui Chen, *Liu Tsung-Yuan and Intellectual Change in T'ang China,773~819* （Cambribge: Cambridge Univ. Press, 1992）, pp. 119~126.

以下我們就這三方面次第論之。

第一節　王通復興

　　歷來對於隋末大儒王通（仲淹，584～617）以及其《中說》的眞實性，一直存有爭議，今日屢經學者論證，有關王通的存在以及《中說》非僞託，已有堅實的證據〔註2〕。我們先舉二例，以說明王仲淹在中唐時期的形象和評價。

　　首先是李翱的看法。李翱在〈答朱載言書〉曾云：

　　　　義不深不至於理，言不信不在於教勸，而詞句怪麗者，有之矣，《劇
　　　　泰美新》、王褒《僮約》是也。其理往往有是，而詞章不能工者，有之
　　　　矣，劉氏《人物表》、王氏《中說》、俗傳《太公家教》是也。〔註3〕

在李翱的心目中，他是將王通歸入「其理往往有是」但「詞章不能工」之列。

　　再以劉禹錫（夢得，772～842）爲例。夢得在爲王通的後裔王質所撰的墓誌銘中，曾云：

　　　　在隋朝諸儒，唯（王）通能明王道，隱居白牛溪，游其門皆天下俊
　　　　傑，著書行于世，既沒，謚曰文中子。……銘曰：隋有文中，紹揚
　　　　微言。當時偉人，咸出其門。……〔註4〕

由於該文係王質的神道碑文，文中子在此祇是間接觸及，而非尊門討論，但銘文已指出王通兩方面的重要性：一是學術思想上「紹揚微物」；另一是唐初名臣，「咸出其門」。

　　除了上舉二例，中唐士人討論王通的文字並不多見，如皮日休極傾心的韓愈，其傳世文章未嘗隻字涉及王通〔註5〕；這固然反映了文中子在中唐時期尚未具有很高的聲望，但亦顯示他已受到部分知識分子的注意；尤其上引劉

〔註2〕　相關討論，詳見尹協理、魏明，《王通論》（北京：中國社會科學出版社，1984
　　　　年）；Howard J. Wechsler, "The Confucian Teacher Wang T'ung (584?~617?): One
　　　　Thousand Years of Controversy", *T'oung Pao*, LXIII (1977), pp.225~272；鄧小
　　　　軍，《唐代文學的文化精神》（臺北：文津出版社，1993 年），頁 16～111；錢
　　　　穆，〈讀王通中說〉，《中國學術思想史論叢》（四）（臺北：東大，1991 年），
　　　　頁 1～15。
〔註3〕　《李文公集》卷六。
〔註4〕　《劉禹錫集》卷三，〈唐故宣歙池等州都團練觀察處置使宣州刺史兼御史中丞
　　　　贈左散騎常侍王公神道碑〉。
〔註5〕　這一點已有學者指出，參見尹協理、魏明，《王通論》，頁 254；黃進興，《優
　　　　入聖域：權力、信仰與正當性》（臺北：允晨，1994 年），頁 253。

禹錫碑文中的看法，已指出王通在學術思想與事功兩方面的重要性，這樣的觀點已略具晚唐士人對王通的評通之梗概。

降至晚唐，王通的聲譽漸隆，這是中唐儒家復興時期所未見的現象。我們舉皮日休同時代的陸龜蒙（魯望，？～881）和司空圖（表聖，837～908）作例子，說明晚唐「王通復興」的現象。

陸龜蒙，吳郡（今江蘇吳縣）人，通六經大義，尤長《春秋》；曾舉進士，不第，隨即任湖、蘇二州從事；復隱於松江甫里，多所撰述，時人稱其爲「江湖散人」，又自號「天隨子」、「甫里先生」。

皮日休寓吳地期間，同陸龜蒙結交爲知己。但兩人尚未結識之前，陸龜蒙已對王通頗爲推崇，他說：

> 龜蒙讀揚雄所爲書，知《太玄》準《易》；《法言》準《論語》，晚得文中子王先生《中說》，又知其書與《法言》相類。〔註6〕

他進一步指出，揚雄生處兩漢末、王莽之時，因有志難伸，祇得「窮愁著書」；至於「道之始塞而終通」的任務，揚雄是不是以擔當的。然而，文中子比揚雄走得更遠。魯望云：

> 文中子生於隋代，知聖人之道不行，歸河汾間，修先王之業，九年而功就，謂之《王氏六經》。門徒弟子，……受王佐之道。隋亡，文中子沒，門人歸于唐，盡發文中子所授之道，左右其治。……豈非文中子之道始塞而終通乎？〔註7〕

上面的引文，主要著眼於肯定文中子對唐初政局的貢獻。在其他地方，陸龜蒙亦對王通的學術見解頗表贊同，他在帶有自傳色彩的〈甫里先生傳〉中自稱：

> 性野逸，無羈檢，好讀古聖人之書，探六籍，識大義。就中樂《春秋》，抉摘微旨，見有文中子王仲淹所爲書，云：「三傳作而《春秋》散」，深以爲然。〔註8〕

王通之語見《中說・天地篇》：「（文中）子曰：『蓋九師興而《易》道微，三傳作而《春秋》散』」。

此外，陸龜蒙的部分文字，很顯然是受到王通的啓發。《中說・王道篇》云：

〔註6〕《笠澤叢書》（乙），〈送豆盧處士謁宋丞相序〉。
〔註7〕同註6。
〔註8〕《甫里先生文集》卷十六。

　　子謂薛收曰：「昔聖人述史三焉。其述《書》也，帝王之制備矣，故索焉而皆獲。其述《詩》也，興衰之由顯，故究焉而皆得。其述《春秋》也，邪正之跡明，故考焉而皆當。此三者，同出於史，而可雜也，故聖人分焉」。

引文中，王通提出三經皆為聖人述史這一命題，亦即三經之根源，同出於史，且三經具有史之作用。此一提法，對陸龜蒙有一定的啟發。

　　在〈復友生論文書〉一文，陸龜蒙進一步發揮王通的此一觀點，他指出：
　　……《書》則記言之史也，史近《春秋》，《春秋》則記事之史也。……
　　苟以六籍謂之經，習而稱之，可也。指司馬遷、班固之書謂之史，
　　何不思之甚乎？六籍之內有經有史，何必下及子長、孟堅，然後謂
　　之史乎？〔註9〕

依魯望之見，六經之所以被稱為「經」，及係後人所加，非聖人之本意；且六經中的《書》和《春秋》，本質上皆為史書。因此，我們論及史書之時，毋庸舉《史記》、《漢書》為代表，蓋作為中國文化根源之六經，本身即有經有史。這樣的看法已略具後世視經為史的思想雛型。〔註10〕

　　我們再以晚唐著名詩人司空圖為例。司空圖，字表聖，河中虞鄉（今山西虞鄉縣）人。懿宗咸通十年（869）舉進士，官至知制誥、中書舍人。他的《詩論》一書所提出之詩論，在中國文學批評史上佔有一席之地。〔註11〕

　　有趣的是，表聖與皮日休不約而同，皆曾撰有〈文中子碑〉，以下我們徵引該文的主要文字，以資進一步討論：
　　道，制治之大器也；儒，守其器者耳。故聖哲之生，受任于天，不
　　可斫之以就其時。仲尼不用戰國，致其道于孟、荀而傳焉，得於漢，

〔註9〕《甫里先生文集》卷十八。
〔註10〕陸龜蒙之後，明代的王陽明曾提出「五經亦史」（《王陽明全書》卷一，〈傳習錄上〉），而清人章學誠更是主張「六經皆史」（《文史通義·易教上》）。王、章的提法未必受陸龜蒙的影響，但他們二人受王通啟發則是可以肯定。陽明在《王陽明全書》卷一，〈傳習錄上〉云：「文中子，賢儒也。」章學誠《文史通義·易教上》亦云：「王氏《中說》……有擬聖之嫌。」這都是他們讀過《中說》的證明。詳見鄧小軍，《唐代文學的文化精神》，頁44～45。從文本（text）的角度觀之，由「經」到「史」的此一範疇轉變，不論是六經「有經亦有史」，或是「六經皆史」的提法，其肇端當可溯自王通。
〔註11〕關於司空圖的相關相討論，詳見江國貞，《司空表聖研究》（臺北：文津出版社，1989年）；王潤華，《司空圖新論》（臺北：東大，1989年）。

成四百年之祚。五胡繼亂，極于周齊，天其或者生文中子以致聖人
之用，得眾賢而廓之，以俟我唐，亦天命也。故房、魏數公，皆爲
其徒，恢文、武之道，以濟貞觀治平之盛。今三百年矣，宜其碑。
〔註12〕

表聖在引文中指出，道爲制治之大器，而儒乃守其器者。儒者能否行其道，
尚需時代的配合，如仲尼之道雖不行於戰國，然而，孟、荀翼傳孔道，造就
了有漢一代。王通的門徒，如房、魏等人，促成貞觀太平盛世，王通功居首
蹶。儘管王通弟子爲唐初名臣一事，實爲妄說，但值得注意的是，司空圖已
將文中子列爲儒家道統的傳人。

司空圖的這些觀點，大體同皮日休相類。日休的〈文中子碑〉指出：
孟子疊踵孔聖，而贊其道。夐乎千世，而可繼孟氏者，復何人哉？
文中子王氏，諱通，……夫仲尼刪《詩》、《書》，定《禮》、《樂》，
贊《周易》，修《春秋》。先生則有《禮論》二十五篇，《續詩》三百
六十篇，《元經》三十一篇，《易贊》七十篇。……孟子之門人，鬱
鬱於亂也；先生之門人，赫赫于盛時。較其道與孔、孟，豈徒然哉？
〔註13〕

日休推崇王通在學術和事功上的貢獻，同時肯定他爲儒家道的傳人：
夫孟子、荀卿翼傳孔道，以至文中子。……文中之道，曠百祀而得
室授者，惟昌黎文公焉。〔註14〕

由以上的討論，我們已大致明瞭，晚唐士人對王通的評價。在中唐時期，文
中子在知識分子心目中，尚未佔有重要的份量，且定位仍嫌模糊。降至晚唐，
王通的形象已逐漸清晰，例如，陸龜蒙即對文中子的學術見解頗爲心折，皮
日休和司空圖更是推崇其爲儒家道統的傳承者。現在，我們需要解釋的是，
晚唐的「王通熱」究竟係局部趨勢，抑或是一個大範圍的現象？

我們先考察皮、陸和司空三者之間是否有交往關係。儘管皮日休寓吳地期
間和陸龜蒙結交爲知已，但襲美的〈文中子碑〉撰於寓吳之前，而魯望撰寫推
崇王通的文字時，亦在結識日休之前。換句話說，這並不是彼此思想交流下產

〔註12〕《司空表聖文集》卷五，頁 1a～1b。
〔註13〕《文藪》，頁 35。
〔註14〕《文藪》，〈請韓文公配饗太學書〉，頁 88。〈文中子碑〉亦有同此相類的道統
　　　　觀，惟未有此處引文中所述那般完整。

物。至於司空圖則同皮、陸不曾往來。這表明皮、陸和司空三人對王通的傾慕，並非交互影響的結果，而是各自處於不同知識氛圍中的共同思想傾向。

再者，就地緣關係言之。司空圖係河中虞鄉（今山西虞鄉縣）人，地域屬北方；皮日休乃襄陽人，地處南北之交；而陸龜蒙爲吳郡（今江蘇吳縣）人，屬南方系統。此三人的出身地，一北一中一南，在地緣上並不相涉。質言之，晚唐的「王通復興」是一種時代思潮，而非知識分子的個別思想傾向。

值得注意的是，中唐儒家復興時期王通並未佔顯要地位，何以晚唐會有所謂「王通熱」的現象？這一點恐怕與心理因素有直接關係。我們知道，中唐參與儒家復興的主要成員，如韓愈、柳宗元等人，他們不但是全國性的知名文人，且亦曾在政壇上有過一段活躍時期；就思想和政治的影響力而言，他們對於自身所提倡的儒家淑世濟民、撥亂反治的理想，似乎尚有其著力之處。反觀晚唐已是帝國瓦解的前夕，國勢日蹙，敗眾叢生，而類似皮、陸和司空這樣的文人，在政治上都是處在邊緣性地位，且亦非全國性的文壇領袖；他們或許在一定區域，有其聲望和影響力，也深受中唐儒家復興的餘緒感染；然而，殘酷的是，在現實的局勢中他們即使想要有所作爲，亦有客觀的局限性。

王通雖身處於亂世，然退居河汾間傳道授業，晚唐的士人一廂情願地以爲，因其弟子的傑出表現，造就了盛唐的博大氣象；且將此成就歸功於王通。文中子在季世的努力，對於處在晚唐風雨飄搖時局中的知識分子，心中頗有所感。這種認同感，一方面是對即將崩潰的帝國，所發出的一種懷舊情思（nostalgia）；另一方面，是自我期許，亦希望盛世早日重新降臨。如果不就晚唐士人的心理層面檢視，我們很難解釋，不曾在唐代居思想要津的王通，竟在晚唐會有「王通復興」的趨勢。

這股「王通熱」直到宋初仍舊餘波盪漾，如宋儒石介曾推崇王通爲五賢人之一，可見文中子在當時的聲譽定然不低〔註15〕。宋初士人對王通的重視，顯然與皮日休的推崇有密切關係。我們不妨先看皮日休在宋初的地位。茲舉种放（明逸，956～1015）和柳開（仲塗，947～1000）的例子作說明。

种放，京兆人，博通經史，尤好孟軻書。性不喜浮圖氏，嘗裂佛經，以製帷帳〔註16〕。他在帶自傳色彩的〈退士傳〉一文，曾云：

〔註15〕另四人爲孟子、荀子、揚雄和韓愈。參見石介，《徂徠石先生文集》（北京：中華書局，1984年），卷七，〈讀原道〉，頁78。
〔註16〕金中樞，《宋代學術思想研究》（臺北：幼獅，1989年），頁96～98。

> 自古文之精粹者，漢則楊子雲，隋則王仲淹，唐則韓退之，然以退
> 之當子雲，而先仲淹。次則（劉）蛻之文，（孫）樵之經緯，皮氏《文
> 藪》，陸氏（龜蒙）叢書，皆句句明白，剔姦塞回，無所忌諱。使學
> 者窺之，則有列聖道德仁義之用。〔註17〕

在种放心目中，皮日休雖次於揚雄、王通及韓愈之後，但亦居於「有列聖道德仁義之用」的位置，可見得他對襲美的評價並不低。

再以柳開為例。柳開，講說能究經旨，開寶六年（973）登進士第，官至如京使，為宋初開新學風之人物〔註18〕。他曾為《文藪》作序，序文中交代他閱讀《文藪》時產生的疑惑和豁然開朗的過程，他說：

> 讀皮子文，其目曰「藪」。凡藪者，澤也，又曰「淵藪」也，以其事
> 物萃集之也。……予謂皮子之名「藪」也，疑以其文之眾，作之藪
> 也。又疑為若魯、晉、……以其文類，各為藪也。是文之類雖不同，
> 而曰「藪」，亦若魯、秦、……之藪雖異，而總一天地也，都以文而
> 統之，是曰「文藪」也。〔註19〕

最後，他「疑而愛之，觀其首，又無所序說，遂盡而讀之，見其之藪之為意」〔註20〕。种放和柳開的例子，已可略窺宋初士人對皮日休的評價，同時亦可知其在宋初仍有不小的名氣。

在宋初士人注重王通的風氣中，柳開起著推波助瀾之功。他在〈補亡先生傳〉一文中，解釋他推崇王通的原因：

> 夫六經者，夫子所著之文章也，與今之人無異耳。……王仲淹於汾
> 河間，務繼孔子以續六經，大出于世，實為聖人矣。〔註21〕

引文指出王通「續六經」、「為聖人」，事實上亦是柳開的自我期許。他在同文的開篇首話即云：

> 補亡先生，舊號東郊野夫者也。既著野史後，大探六經之旨。已而
> 有包括楊、孟之心，樂與文中子王仲淹齊其述作，遂易名曰開，字
> 曰仲塗。其意謂將開古聖賢之道于時也，將開今人之耳目使聰且明
> 也，必欲開之為其塗矣，故古今由于吾也，故以仲塗字之，表其德

〔註17〕《宋文鑑》（北京：中華書局，1992年），卷一四九，頁2082。
〔註18〕金中樞，《宋代學術思想研究》，頁59～62。
〔註19〕《文藪》，〈皮日休文集序〉，頁1。
〔註20〕同註19。
〔註21〕《河東先生集》卷二。

焉。〔註22〕

柳開易名爲開、改字爲仲塗，這一般心路歷程的表白，雖未點出其推崇王通是受皮日休影響，但我們從兩方面可得知同襲美有一定的關聯：其一，前文已述及，柳開曾爲《文藪》作序，這足以說明他不但通讀過《文藪》，且頗爲重視，關於日休對王通的看法，其所知甚詳。其二，取柳開的言論同日休的〈文中子碑〉作對照，更可清楚看出兩者間的類似處。日休〈文中子碑〉曰：

> 文中子王氏，諱通，生于陳、隋之間，以亂世不仕，退於汾晉，序述六經，敷爲《中說》，以行教於門人。……後先生兩百五十餘歲，生曰皮日休，嗜先生道，業先生文，因讀〈文中子後序〉，尚闕于贊述，想先生封隧所在，因爲銘曰：……。〔註23〕

襲美在碑文中指出，王通「退於汾晉，序述六經，敷爲《中說》，以行教於門人」；柳開則說，「王仲淹於汾河間，務繼孔子續六經，大出于世」；日休自陳，「後先生二百五十餘歲，生曰皮日休，嗜先生道，業先生文」，開亦云，「樂與文中子王仲淹齊其述作，遂易名曰開，字曰仲塗」。這都表明，柳開在面對王通時的心情，以及對其評價，同皮日休頗爲相似；兩者皆以王通的追隨者自居。此外，前引种放論及「文之精粹者」，「有列聖道德仁義之用」時，王通、皮日休皆同時名列榜上，這亦側面反映了宋初士人注重王通，當與皮日休的推崇不無關係。

以下我們再從道統觀，考察皮日休對宋初知識分子的影響。這一點在柳開身上最爲明顯。仲塗在〈答臧丙第一書〉云：

> 昔先師夫子，大聖人也，……厥後寖微，楊、墨交亂，聖人之道復將墜矣。……孟軻氏出而佐之，辭而闢之，聖人之道復存焉。……孟軻氏沒，聖人之道火于秦，黃老于漢。天知其是也，再生其揚雄氏以正之，聖人之道復明焉。……揚雄氏沒，佛于魏、隋之間，詭亂紛紛，……重生王通氏以明之，……出百餘年，俾韓愈氏驟登其區，廣開以辭，聖人之道復大于唐焉。……自韓愈氏沒，無人焉。今我之所以成章者，亦將復先師夫子之道也。〔註24〕

我們知道，第一個將韓愈納入道統傳人的是皮日休，而柳開提出的道統系譜

〔註22〕同註21。
〔註23〕《文藪》，頁35～36。
〔註24〕《河東先生集》卷六。

為：孔子——孟子——揚雄——王通——韓愈；這同襲美的提法之差異，祇在於以揚雄取代荀子，其餘並無二致。

柳開這一提法，為孫復（明復，992～1057）、石介（守道，1005～1045）諸人接受並宣揚。孫復曾說：「吾之所謂道者，堯、舜、禹、湯、文、武、周公、孔子之道也，孟軻、荀卿、揚雄、韓愈之道也。」〔註25〕而石介反對佛老、楊億（974～1020）的宗旨，亦申明是為了使世人目之所見，耳之所聞，唯「周公、孔子、孟軻、揚雄、文中子、韓吏部之道」。〔註26〕

儒家道統的首倡者韓愈，曾排除荀子和揚雄，以自己銜接孟子之後，為傳衍聖人之道的傳人。皮日休則重新納入了荀子，且在韓愈之上增補了文中子，而成一套新的道統系譜；這一新的提法，成為宋初諸儒的道統觀之主幹。不論是柳開〔註27〕、王禹偁（元之，954～1001）〔註28〕、孫復〔註29〕、或者石介〔註30〕等人，其觀點同皮日休的提法略有小出入，但大體上已未見明顯的差別。

對於儒家道統的傳承，以往學界太過於注意其首倡者韓愈，以及宋儒的道統觀念，相對而言，道統觀念在晚唐五代的型塑過程，則被輕易地忽視了。上述的討論表明，任何對唐宋之際的思想變遷作細緻了解的嘗試，都勢必看重皮日休之類的過渡型人物。這一點從下文的探討可以得到進一步的證明。

第二節　孟子學的興起

《孟子》的地位在北宋之前，不論在學術上或政治上，皆未獲得太多的重視，須至程頤（1033～1107）、程顥（1032～1085）的表彰，以及王安石（1021～1086）的推舉之後，才臻至前所未有的高度。清人甘雲鵬曾對北宋以前討

〔註25〕《聖宋文選》卷九，〈孫復明文·信道堂記〉。
〔註26〕《徂徠石先生文集》卷五，〈怪說中〉。《王通論》作者徵引石介詩：「堂堂柳先生，生下如猛虎。述作慕仲淹，文章肩韓愈」（《徂徠石先生文集》卷二，〈過魏東交書〉），指出：「宋初的石介還將柳宗元聯繫起來，認為柳宗元是受了王通的影響」云云。參見尹協理、魏明，《王通論》，頁264。按：此說有誤。柳開年十六七時曾取名肩愈，字紹先，前者指韓愈，此乃不言而喻，後者指柳宗元，因同宗故曰「先」。後更名為開，字仲塗。詳見〈答梁拾遺改名書〉（《河東先生集》）卷五。石介詩中的「柳先生」係指柳開，非宗元也。
〔註27〕《河東先生集》卷一，〈應責〉。
〔註28〕《聖宋文選》卷七，〈王禹稱文·投宋拾遺書〉。
〔註29〕《聖宋文選》卷九，〈孫明復文·信道堂記〉。
〔註30〕《徂徠石先文集》卷五，〈怪說中〉。

論《孟子》的情形有過概括的敘述，他指出：

> 唐裴日休、丁公著、韓愈、李翱、熙時子、陸善經、張鎰皆爲之注。
> 皮日休又嘗請以《孟子》爲學科。劉軻則作《翼孟》三卷，以申微
> 尚。周廣業曰：「魏晉而降，聖證述子居爲字之義；士緯識門人所記
> 之書；王劭稱授業子思；傅玄謂體擬《論語》；袁氏誨誘無倦之旨；
> 法琳發劇談垂美之論；鈔自仲弓，錄由孝緒。證經史者，孔、賈、
> 李、顏；原性道者，韓、李、皮、林。」繹周氏所指陳，皆以綜述
> 魏晉至唐，稱述孟子學之故事也。〔註31〕

引文中提及的裴日休，其注早佚；韓、李、熙時子所注之《孟子》，已有學者
指出，乃係僞託；丁公著（795～822）、陸善經、張鎰（？～783）注解《孟
子》之書已佚，今存一麟半爪，不得見其詳；至於劉軻，白居易曾提及劉軻
「開卷慕孟軻爲人，所著《翼孟》三卷，於聖人之旨，作者之風，往往而得。」
〔註32〕惟今亦佚。引文未述及的尚有林慎思（虔中，fl. 865～880）曾著《續
孟子》，今存。甘氏的敘述仍嫌簡略，以下以我們進一步說明《孟子》在唐代
的情形。

唐肅宗寶應二年（736），開始有注重《孟子》的主張。當時的禮部侍郎
楊綰，曾呼籲朝廷以「《論語》、《孝經》、《孟子》兼爲一經」〔註33〕。德宗建
中元年（780），濠州刺史張鎰亦有進呈《孟子音義》三卷之舉〔註34〕。嗣後，
韓愈亦大力推崇孟子。要之，韓昌黎以孟子形象作象徵，從事二方面的努力：
其一，在〈原道〉中退之指出，孔子之後，孟子和他自己皆爲儒家道統的賡
續者，首倡儒家的道統觀；他進而闡明，儒家的「道」之內涵，乃「博愛之
謂仁，行而宜之謂義，由是而之焉謂之道」，以此定義而下的「道」，同釋老

〔註31〕引文參見甘鵬雲，《經學源流考》（臺北：廣文書局，1977 年），卷之七，頁
244～245。裴日休之注早佚。丁公著《孟子手音》二卷，已佚；陸善經有《孟
子注》七卷，已佚；張鎰，《孟子音義》二卷，亦佚。關於丁、陸、張三者注
解《孟子》的相關討論，參見朱彝尊，《經義考》（臺北：臺灣中華，1965 年），
卷二三二，〈孟子二〉，頁 46～66。三者的佚文輯爲以下各篇：丁公著《孟子
丁氏手義》、陸善經《孟子陸氏注》、張鎰《孟子張音義》，俱收入馬國翰，《玉
函山房輯佚書》（臺北：文海，1967 年）。揚雄等四注《孟子》十四卷，中興
藝文志題曰：「揚雄、韓愈、李翱、熙時子四家注。」朱彝尊指其「旨意淺近，
蓋依託者」。參見朱彝尊，同註30，頁 10。
〔註32〕朱彝尊，同註30，頁 6b～7a。
〔註33〕《新唐書》卷四十四。
〔註34〕《唐會要》卷三十六。

的「道」作爲區隔。其二，釋老盛行，不啻戰國時代楊、墨的唐代翻版，退之高舉孟子，以作爲悍衛儒家的大纛。〔註35〕

　　然而，這些提升《孟子》地位的努力，並未見朝廷有任何積極的回應。唐文宗開成年間（836～840），國子祭酒鄭覃，進石壁九經一百六十卷，詔令刻石，立於太學〔註36〕。其後，石經除了《易》、《書》、《詩》、三《禮》、三《傳》之外，又增列《孝經》、《論語》、《爾雅》，而成十二經，但其中並無《孟子》。《孟子》能否刊於經，茲事體大，不可能在率爾決定，因此，直至唐朝滅亡，《孟子》仍舊未能登於經部。

　　相異於官方的態度，《孟子》在唐代部分知識分子的心中，仍具一定的吸引力，前述注解《孟子》的狀況，已略可窺其一斑。孟子學在唐代不曾蔚爲大規模的學術思潮，而是作爲思想的伏流，存留於部分知識分子的觀念之中。中唐時期，積極推崇孟子的士人，堪以韓愈爲典型。至於晚唐五代到宋初的孟子學概況，我們則需要進一步說明，以襯托皮日休所扮演的角色。

　　儘管唐代孟子學一直未居思想界的要津，是個不爭的事實，但在唐末五代我們仍可發現部分的知識分子，在文章中徵引《孟子》的內容以證成己說，或者推崇孟子的觀點，如韋籌、程晏、牛希濟等人皆爲顯著的範例；而林愼思則是循著孟子的思路，對時局提出針貶。在北宋孟子學蔚爲大國的前夕，這些例子皆具有一定的意義。

　　韋籌，宣宗時（847～860）官博士，他在〈原仁論〉一文，以自設問答的方式，析辨何種狀況有天下，爲「仁」或者爲「利」。他說：

> 不得已而有天下，則曰「仁」；得已而有者，則曰「利」也。善畏其利，善決其仁，皆聖也，湯、文王是也。原意曰：聖人視生民以天下，襁褓在焚溺，無不掔者。然則掔而授其家乎？將逐掔而有之乎？

> 彼家無人而有之，不得已而仁矣；有人而有之，則得已而利矣。〔註37〕

韋籌進一步申明，夏無賢君，故湯以仁有天下，「殷有人矣，文王畏其利，前賢明湯意，故曰：『周之德可謂至德也已矣』」〔註38〕。換句話說，有天下爲

〔註35〕《韓昌黎文集校注》，卷一，〈原道〉，頁7～11；卷四，〈送王秀才序〉，頁153。Charles Hartman, *Han Yu and The T'ang Search for Unity* (New Jersey: Princeton Univ. Press, 1986), pp. 158~160。

〔註36〕《舊唐書》卷一七三，〈鄭覃傳〉，頁4492。

〔註37〕《全唐文》（上海：上海古籍出版社，1993年），卷七八八，頁8240下。

〔註38〕同註37。

「仁」或者爲「利」，須就其出發點爲「公」或「私」判定之。這樣的論點很明顯是進一步引申孟子對仁的討論〔註39〕。此外，在另一篇文章〈文之章解〉，韋籌則是肯定孟子的貢獻：「軻性侭（子思）者也，勤其道而章於七篇」，本於禮樂，「由人文而章者也」〔註40〕。這些看法皆可見他對孟子重視的程度。

林愼思，字虔中，長樂人，咸通年間登進士第，復中宏詞科，歷校書郎、水部郎中、萬年縣令。黃巢入長安，爲巢軍所殺。依虔中的自述，其撰寫《續孟子》的動機乃因：「孟子書，先自其徒記言而著，予所以復著者，蓋以孟子久行教化，言不在其徒盡矣，故演作續孟。」〔註41〕可知其作《續孟子》的目的是爲了「教化」。

《續孟子》既非訓詁考據之作，亦非義理的闡明，而是林愼思依循孟子的思維路向，針對晚唐的時局所作出的剖析。儘管《續孟子》不是思精體大的著述，然而，依孟子學發展史的角度觀之，已預示了孟子學興起的趨勢，就此一層面而言，《續孟子》仍具一定的歷史意義。〔註42〕

程晏，字晏然，乾寧中（894～898）進士。在〈窮達志〉一文，他強調「君子寧小窮而大達，小人寧達而大窮。小者人之役，大者人之道」。孟子向諸侯進「帝王之道」，不獲聽，即去；衛鞅亦進「帝王之道」，不獲聽，乃易之以「霸強之術」。藉著孟子與商鞅之間的差異，對照出君子與小人之區別，程晏進而指出：「孟子大達，遠盜蹠而遵正路者也；衛鞅大窮，捨正路而趨盜蹠者也」〔註43〕。在這裡主要強調的是志節，但同時亦透露出崇儒抑法的態度。〔註44〕

〔註39〕 詳見梁韋弦，《孟子研究》（臺北：文津出版社，1993年），頁51～66。
〔註40〕 《全唐文》卷七八八，頁8241上。比較呂溫，〈人文化成論〉，《全唐文》卷六二八，頁6342上～下。
〔註41〕 林愼思，《續孟子》（臺北：世界書局，1962年），頁1。
〔註42〕 相關討論，詳見黃俊傑，《孟子》（臺北：東大，1993年），頁196～198；程方平，〈論林愼思對儒學的改造〉，輯入淡江大學中文系主編，《晚唐的社會與文化》（臺北：學生書局，1990年），頁381～399；蕭公權，《中國政治思想史》（上）（臺北：聯經，1980年），頁441～443。
〔註43〕 《全唐文》卷八二一，頁8650上。
〔註44〕 在晚唐我們亦看到批評孟子的例子，如來鵠。來鵠，豫章人。咸通年間（860～874）舉進士，不第。他對孟子略有微詞。在〈相孟子說〉一文，來鵠對孟子「以爲習而有利，則心唯恐不利。至於傷人，則曰『求不可不愼也』」的論點，頗不以爲然。他批評說：「孟子之愛人也細，緣其言而不精」。詳見《全唐文》卷八一一，頁8532上。

以上所論爲晚唐的概況，我們再舉一個五代的例子。牛希濟，蜀後主時
（919～925）累官翰林學士，御史中丞。蜀亡入洛，後唐明宗（在位於 926
～933）拜爲雍州節度副史。他在〈治論〉一文，指出國家思治，卻又大多不
至於治，關鍵因素在於不知重本。他說：

> 有國家者，未嘗不思治，孜孜焉求才，汲汲焉用人，官無曠位，命
> 不虛日，多不至於治者，何哉？蓋不知重其本也。夫重其本，莫若
> 安人；安人之本，莫先於農桑。〔註45〕

牛希濟指出，治國之首務在於安民，而安民莫先於重農桑。人民不飢不寒，
才能談仁義，王道方可行，因爲：

> 所欲之大，唯衣食而已。不飢不寒，則時無怨嗟。時無怨嗟，則和
> 風充塞，則焉有不豐不稔之歲。既庶且富，然後仁義相及，王道可
> 行。方困飢寒，而能致於仁義者，雖淳樸之世。君子之人，幾希矣！
>
> 〔註46〕

人民的生活基本要求——衣食——不可得，而又希望其不致於作奸犯科，事
實上是很難的。他說道：

> 至有父子拱手屋壁，相顧而坐，向使不爲盜，不爲非，不鬻不時之
> 物，不犯及時之禁，不受役於鄉豪，不爲汙詐之計，以給其家，可
> 乎？故孟子曰：「父母妻子，對之飢寒，而不爲非，未之有也。」誠
> 哉是言！〔註47〕

〈治論〉的核心觀念，在於凸顯安民對國家長治久安的重要性，而安民的不
二法門即是重農桑。整篇文章，牛希濟不斷反覆論證、強調的，都是環繞這
個觀念展開。這亦表明，牛希濟受到孟民本思想的影響。文末他總結道：

> 或曰：「斯論也，乃耳目之常。」夫儒家之言，猶人之食。若今日之
> 食，明日以爲常，欲之致而不之食。若今日之食，明日以爲常，欲
> 之不致而不之食，可乎？〔註48〕

牛希濟作此文時，所面對的是個瀕臨瓦解的破敗帝國，有趣的是，他提出的
撥亂反法之道，雖是重奏孟子的舊調，但亦說明了晚唐五代知識分子對孟子
的重視，不絕如縷。

〔註45〕《全唐文》卷八四五，頁 8878 下。
〔註46〕同註 45，頁 8879 上。
〔註47〕同註 45，頁 8879 下。
〔註48〕同註 45，頁 8879 上。

　　至此，我們已可大致明瞭，中唐以降至五代期間，士人對《孟子》的注解、運用和看法。我們在上文中未論及但值得一提的是李綽。李綽，字肩孟，吏部侍郎李舒曾孫，官至膳部侍郎中。《全唐文》輯其文二篇，一是〈尚書故實序〉，另一為〈昇仙廟興功記〉〔註49〕；二文內容儘管同孟子無涉，然其標榜以孟子為效法對象的決心，可從他以「肩孟」為字看出。這在孟子學尚未勃興之前，因此，亦有一定的歷史意義。

　　循著上述的脈絡，我們進一步考察皮日休對孟子的觀點，在唐宋之際的思想變遷中，有何重要性。日休涉及孟子的文字甚夥，我們先舉〈鹿門隱書六十篇〉中的幾則作例子：

> 或曰：「孟子云：『予何人也？舜何人也？』是聖人皆可修而至乎？」
> 曰：「聖人，天也，非修而至者也。夫知道，然後能修，能修，然後能聖。……蓋修而至者，顏子也、孟軻也。若聖人者，天資也，非修而至也。」
>
> 孟子曰：「伯夷隘，柳下惠不恭，伊尹五就湯、五就桀。」皮子採廉於伯夷，廉於天下，不為隘矣。擇和於下惠，和於天下，不為不恭矣。取志於伊尹，志於天下，不為不大矣。
>
> 或曰：「我善治苑囿，我善視禽獸，我善用兵，我善聚賦。」古之所謂賊民，今之所謂賊臣。
>
> 或曰：「楊、墨有道乎？」曰：「意錢格篩，皆有道也。何過乎楊、墨哉？吾知夫今之人嗜楊、墨之道者，其一夫之族耳。」〔註50〕

這幾則引文主要是針對孟子的觀點，加以援用或引申，亦有重新詮釋或修正，惟在深度上仍嫌不足。值得注意的是，〈文藪〉中的論點直接或間接觸及孟子的文字，其數量之多，在唐人文集中較為罕見。〔註51〕

　　皮日休對孟子的評價甚高，他稱道：

> 古者楊、墨塞路，孟子辭而闢之，廓如也。故有周、孔，必有楊、墨，要在有孟子而已矣。〔註52〕
>
> 夫孟子、荀卿翼傳孔道，以至于中子。〔註53〕

〔註49〕《全唐文》卷八二一，頁8650下～8651上。
〔註50〕引文見《文藪》，頁93～94、98～99。
〔註51〕詳見本書第四章關於皮日休民本思想部分的討論。
〔註52〕《文藪》，〈原化〉，頁22。
〔註53〕《文藪》，〈請韓文公配饗太學書〉，頁88。

要之，日休對孟子的推崇，著眼於二個層面：其一，在楊墨學說橫行的時代，孟子「辭而闢之」，對抗異端，肩負起悍衛儒家的重責大任，成為抗拒釋老的精神象徵；其二，孟子翼傳聖人之道，使斯文賡續不絕，係儒家道統的傳人。襲美的這些論調，事實上是轉手自韓愈，並未有太大的新意。

　　然而，呼籲《孟子》應列入科舉考試科目的這一主張上，皮日休則提出他獨到的見解：

> 聖人之道，不過乎經。經之降者，不過乎史。史之降者，不過乎子。子不異乎道者《孟子》也。捨是子者，必戾乎經、史。……《孟子》之文，粲若經傳。……其文，繼乎六藝，光乎百氏。真聖人之微旨也。……後之人將愛仲尼者，其嗜，在《孟子》矣。〔註54〕

職是之故，他建議朝廷，《孟子》應登於科，「有能精通其義者，其科選，視明經」〔註55〕。肅宗寶應二年（763），禮部侍郎楊綰已曾上疏請以《孟子》為兼經，但此為孤立之主張，意義不大；而日休呼籲《孟子》列為科舉考試科目之主張，則代表此一新思潮之勃興。更重要的是，他將《孟子》提高到經書的地位；此一提法孤明先發，為《孟子》日後登經部的張本；我們亦可視襲美之論為，將尊孟思想用制度來實現之先導。

　　宋初的孫奭（962～1033）在進《孟子音義》的序言中，曾曰：

> 夫總群聖之道者，莫大乎六經。紹六經之教者，莫尚乎《孟子》。……其言精而贍，其旨淵而通。致仲尼之教，獨尊於千古。〔註56〕

這段話同皮日休的提法有三點類似之處：其一，皮日休云，「聖人之道，不過乎經」，孫奭則云：「總群聖之道者，莫大乎六經」；其二，日休稱《孟子》之文，「繼乎六藝，光乎百氏，真聖人之微旨」，奭則說，「紹乎六經之教者，莫尚乎《孟子》」；其三，日休指陳「後之人將愛仲尼者，其嗜，在《孟子》矣」，奭亦有稱許《孟子》「致仲尼之道，獨尊於千古」之語。質言之，皮日休與孫奭對於經書性質的看法，以及對孟子的評價，大體上並無二致。

　　我們指出了這種類似性，並非以此論斷孫奭受了皮日休的影響，而是表明對於《孟子》具備經書地位的認識上，襲美與宋初的知識分子已無太大出入了。就思想史的內在理路而言，皮日休的見解，正反映了孟子學逐漸抬頭

〔註54〕　《文藪》，〈請孟子為學科書〉，頁89。
〔註55〕　同註54。
〔註56〕　轉引自朱彝尊，《經義考》卷二三三，頁2a。

的趨勢，而這也正是他作爲唐宋之際思想變革過渡型人物的特色。

第三節　韓愈地位的上升

　　咸通三年（862）皮日休隨貢入京，初次參與進士科考試。滯京期間，他滿腔熱血向朝廷獻上頗爲後人稱道的奏書二通，其一即是〈請韓文公配饗太學書〉。爲了彰顯皮日休對韓愈評價的獨到之處，我們先回顧退之身後至五代這段期間，士人對他的看法，以茲對照。

　　韓愈辭世後，門生故舊皆撰文弔之，如張籍的〈祭退之〉、李翱的〈祭吏部韓侍郎文〉、皇甫湜（fl. ca. 805～835）的〈韓文公墓銘〉等等，這些文章對他的評價，主要集中在文學的貢獻上，但已稍稍涉及了退之在學術思想上的成就。〔註57〕

　　稍後的杜牧，在〈書處州韓吏部孔子廟碑陰〉一文，已略有肯定退之爲儒家道統傳人的意思：

> 自古稱夫子者多矣，稱夫子之德，莫如孟子，稱夫子之尊，莫如韓吏部……。〔註58〕

然而，這些評價仍嫌模糊，對他的定位亦不夠清楚，但這無礙於韓愈的影響力之持續。

　　除了上述諸人外，我們舉幾個晚唐五代的例子，說明部分士人對韓愈的看法。

　　羅隱（昭諫，833～909），餘杭（今浙江餘杭縣）人，性情恃才傲物，爲公卿所惡，以致於有所謂「十上不第」。他在〈序陸生東游〉一文，曾自稱：

> 雖厄窮毀譽、進退得喪，未嘗不同之，有時因事慷慨，發涕相感，以
> 爲讀書不逢韓吏部，作人不識陽先生，信吾徒之弊也，宜矣！〔註59〕

稍後的沈顏（可鑄，？～924？）對《唐國史補》（卷中）之記載：「韓愈好奇，與客登華山絕峰，度不可返，乃作遺書，發狂慟哭，華陰令百計取之，乃下。」頗不以爲然。他認爲其作者李肇不能體會退之的用心。可鑄舉「仲尼悲獲麟」、「墨翟泣染絲」、「阮籍縱車途窮輒哭」爲例，說明韓愈託事諷實：

> 文公憤趣榮貪位者之若陟懸崖。險不能止，俾至身危踣蹶，然後歡

〔註57〕《張司業詩集》卷七；《李文公集》卷十六；《皇甫持正文集》卷六。
〔註58〕杜牧，《樊川文集》（臺北：漢京，1983年），卷六，頁106。
〔註59〕《羅隱集》（北京：中華書局，1983年），頁234。

不知稅駕之所，焉可及矣。悲夫！文公之旨，微沈子幾晦乎？〔註60〕
沈顏的論點已有解讀聖人之心的意態。

至於牛希濟則肯定韓愈以宗經拯救文弊：

夫子之文章，不可得而見矣！古人之道殆以中絕，賴吏部獨正之於
千載之下，使聖人之旨復新。〔註61〕

這些例子皆可看出，韓愈在唐末五代仍不乏追隨者和傾慕者。其中最值得注
意的是孫郃。

孫郃，字希韓，明州奉化（今浙江奉化縣）人。乾寧中（894～898）進
士，唐末為左拾遺。朱全忠篡唐，著〈春秋無賢臣論〉，隨即脫冠裳，服布服，
歸隱於奉化山。著書紀年，悉用甲子，以示不臣之義。著文集四十卷，小集
三卷，今佚〔註62〕。孫郃好孟、荀、揚、韓之書，學退之為文，故因以為字。
詩有「仕宦類商賈，終日常東西」之句〔註63〕。孫郃今存之作品雖不多，但
我們仍可略見其思想之梗概。

在〈春秋無賢臣論〉一文，他以孝道為喻，謂周封諸五等；諸侯之下為
陪臣，陪臣之於諸侯，如子之視父；諸侯於周室，亦猶如子之視父；周王於
陪臣，猶祖孫也。孫郃抨擊春秋時代的諸侯不知有天子，而諸侯之陪臣又未
能正其主以尊周室，因此總結道：

謂春秋亂世，豈不誠然？于時人不堪命，何耶？無賢臣也。⋯⋯《易》
云：「屯其膏，小貞吉，大貞凶。」春秋之大夫，小貞耳。盍以大貞
取之！以王道取，五霸猶罪人。〔註64〕

亦即他將亂世的根源歸結於「無賢臣」此一因素。

〈卜世論〉一文，則是評論「周成王定鼎於郟鄏，卜世三十，卜年七百」
一事。孫郃指出，堯、舜、禹等古聖先王皆「務從德化」、「在乎利民」，非樂
居兆民之上；「遇夫聖則禪之，不遇則以子繼之」，毋庸「卜年卜世」。他認為
國祚之長短，在於德義，而不在卜：

必也欲永其祚，莫先德義。貽厥後世，天人祐之，豈非無窮也哉？

〔註60〕《全唐文》卷八六八，〈登華旨〉，頁9091上。
〔註61〕《全唐文》卷八四五，〈文章論〉，頁8877下。
〔註62〕《十國春秋》（北京：中華書局，1990年），卷八十八，頁1268；《全五代詩》
　　　（成都：巴蜀書社，1992年），卷七十三，頁1475。
〔註63〕《唐詩紀事校箋》卷六十一。
〔註64〕《全唐文》卷八二○，頁8635。

何三十、七百年世之有？若右其卜而左其德，俾乎厥後恃年世之永
久，必輕乎德義。若此之謀，非君子之道也！〔註65〕

「太戊懼桑而盛，帝辛恃瑞而亡」，此皆國祚長短在德義而非卜的例證。

除上舉二文，孫郃另有〈古意擬陳拾遺二首〉，詩中闡述孟子「任賢」、「仁
政」的主張〔註66〕。儘管今日其所存留的作品及相關文獻甚少，但我們仍可
從孫郃的身上，看出中唐儒家復興的餘緒。中唐時期士人所推崇的荀子、孟
子、揚雄和陳子昂等人，皆受到他的注意；他對韓愈的傾慕，更直接表達在
取「希韓」爲字，這都顯示了唐末五代的部分知識分子，仍對退之的主張頗
表認同。至於孫郃的作品是否對宋初的士人有所啓發，這一點我們不能確知，
但他作爲唐宋思想變遷過渡時期的人物，在宋學崛起以前，其思想傾向所反
映的時代趨勢，具有一定的歷史意義。

現在，我們回到皮日休身上。宋初的柳開之前，對韓愈的肯定，主要集
中在其文學成就，雖說亦有間及其對儒學的貢獻，惟韓愈的定位仍嫌模糊。
這些追隨者之中，明晰地從學術思想角度評價韓愈，當首推皮日休。他從兩
方面高度地肯定退之的貢獻。其一，韓愈繼孟子之後，成爲儒家對抗異端的
精神象徵。孟子辭闢楊、墨，而韓愈大力地駁斥釋老，對於悍衛儒家有不世
之功。日休指出：

> 今西域之教，岳其基，而溟其源，亂甚於楊、墨也甚矣。如是爲士，
> 則孰有孟子哉？千世之後，獨有一昌黎先生，露臂瞋視，詬之於千
> 百人內。……苟軒裳之士，世世有昌黎先生，則吾以爲孟子矣。〔註67〕
> 文公之文，蹴楊、墨於不毛之地，躁釋、老於無人之境，故得孔道
> 巍然而自正。〔註68〕

其二，除了上述功蹟，韓愈亦爲儒家道統的繼承人。孟子、荀卿翼傳孔道，
文中子繼之，嗣後惟退之肩負起此一神聖任務。職是之故，皮日休建議，韓
愈應當入祀孔廟，在二十二賢之列。他說：

> 夫孟子、荀卿翼傳孔道，以至文中子。……文中子之道，曠百祀而
> 得室授者，惟昌黎文公焉。文公……身行其道，口傳其文，吾唐以

〔註65〕 同註64，頁8635下～8636上。
〔註66〕 《全五代詩》卷七十三，頁1476。
〔註67〕 《文藪》，〈原化〉，頁22。
〔註68〕 《文藪》，〈請韓文公配饗太學書〉，頁88。

來，一人而已。不得在二十二賢之列，則未聞乎典禮爲備。伏請命
有司，定其配饗之位。〔註69〕

此一主張，對宋代的知識分子，尤其是宋初，有三方面的影響：（一）奠定了
韓愈在儒家道統傳承中的地位；（二）配饗太學的主張雖至宋元豐七年（1084）
才得實現，但日休此舉已爲日後韓愈入祀孔廟先行鋪路；（三）首開爲時儒疏
請入祀太廟的先例。〔註70〕

　　皮日休的此一觀點，通過柳開的宣揚之後，已成爲宋初諸儒如孫復、石
介等人的共同看法，但回歸皮日休的時代，此一論調則是孤明先發，獨具慧
眼。

　　對於《文藪》在學術上的評價，清人李松壽在〈重刊宋本文藪序〉中曾
曰：

　　《皮子文藪》雖能原本經術，要亦猶是咸通、廣明之常，未足方駕
　　貞元、元和而上。獨其〈請立孟子於學科〉、〈配饗韓文公於太學〉，
　　偉倫卓識，唐人中未有及焉。〔註71〕

這些話指出了《文藪》在思想深度上比不上中唐時期，但亦點出這二篇文章
在學術史的重要性，頗有見地。

　　最後，關於孟子與韓愈在宋代地位上升，以及日休所扮演之角色，李氏
亦有一段概括的論說，茲徵引以作本章的結束語。

　　皮子起衰周後千餘年，當韓子道未大光之時，獨能高出李泰伯、司
　　馬君實諸公所見，而創其說，繼李漢、皇甫持正諸人，而力致其尊。
　　非知孟、韓之深，而具有知言知人之識者，能乎？昔范文正以《中
　　庸》授橫渠張子，論者謂：「宋一代道學實自文正唱之。」然則孟子
　　之得繼孔、曾、思，而稱「四子」，韓子之能超軼荀、揚，而上配孟
　　子，雖經程、朱、歐、蘇諸公表章論定，即謂其議，實自皮子開之，
　　可也。〔註72〕

〔註69〕 同註68。
〔註70〕 黃進興，《優入聖域》，頁244～245。與皮日休同於咸通年間應舉進士的來鵠，
　　　　 撰有〈仲由不得配祀說〉一文。是否當時入祀孔廟爲一熱門話題，由於相關
　　　　 資料的闕如，不得而知，僅誌之以備參考。來鵠該文見《全唐文》卷八一一，
　　　　 頁8532下～8533上。
〔註71〕 《文藪》，頁246。
〔註72〕 同註71，頁246～247。

結　語

　　唐僖宗廣明二年（881），依相關記載判斷，皮日休約於此年前後辭世。他並非終享天年，而是死於非命。襲美受黃巢「僞職」一事，在帝制時代的價值理念中，被視爲大逆不道，因而備受後人非議。爲了粉飾其曾「從賊」這一不名譽事跡，北宋的尹洙聲稱，日休避廣明之難，晚依錢鏐而終；南宋愛國詞人陸游更是力倡此說，爲襲美「雪謗於泉下」。這些說詞背後的苦心，事實上是可理解的，畢竟所謂「從賊」，並不是一件光彩的事。

　　造化作弄人的是，皮日休卻因爲此事而備受大陸學者的讚揚，推崇其爲封建時代唯一參加過農民起義的進步文人。「從賊」也罷，「同情農民起義」也罷，這些帶有濃厚意識形態的價值判斷可以休矣！

　　本書的焦點，主要是檢視皮日休的生平和思想，且以此聯繫到唐宋之際的思想變遷。同時，我們亦注意到，他的思想內涵與中唐儒家復興的關連，以及在宋代新儒家傳統的形塑過程中，日休所扮演的角色。換句話說，本書通過皮日休這一個個案研究，揭示唐宋之際思想變化的某些趨勢。以下我們將對本書的主要論述和分析重點作一番總結。

　　皮日休生於襄州竟陵，有唐一代，他之前的長輩雖曾有舉進士和明經及第的記錄，但家世背景不算顯赫，惟家境仍維持得不錯，擁有一定的產業，屬地主階級。襲美的世代，皮氏家族以務農爲業，未聞家族成員有志於仕進。皮日休年歲稍長時，曾就讀鄉校，隨著知識的增長，一些「化大名」、「立大功」的理想逐漸形成，他遂不願以農爲業，寓於一隅以終老。然而，這種態度遭致諸兄的惡詈，彼此爆發激烈的衝突。此事可能導致兄弟析產，他亦藉此前往鹿門隱讀，準備科舉考試，希望藉著從政來實踐他的理想。

　　皮日休在鹿門待了五年，自己覺得準備已充分，且聲名漸著，受到一些地方官員的賞識，於是他離開鹿門，踏上了尋求仕進之途。在長程的漫遊旅途中，除了增長見聞的目的之外，更重要的是爲了干謁公卿巨門，以期獲得有力的奧援，有助於應舉；因爲襲美明瞭，儘管他的出身背景並不突出，但如能受到顯貴要員的提攜，對於通過科舉考試是極有助益的。其間，雖然遭到幾次下第的挫折，但他儒家經世濟民的精神未減，且以韓愈的追隨者自居。

　　咸通八年（867）皮日休進士及第。然而，這樣的好運未能持續，他應隔年禮部的博學宏詞試，即遭下第。既然不能釋褐任朝官，他懷著失望落寞的心情，離京東遊，尋求入幕的機會。因緣際會，在東遊途中遇上龐勛之亂，他遂避兵入吳，進入他的生命的另一階段。

　　寓吳期間，皮日休入崔璞幕下任從事。不久，他結識吳地舊族陸龜蒙，兩人成爲忘年的知己。在這段期間，襲美的思想和生活皆有重大的改變。他與吳地的文士，形成一個文人集團，而這個集團的重要活動乃是撰寫唱和詩。通過交友圈的思想交流，以及環境的感染，皮日休的思想染上一層清幽的道家色彩。他的內心不斷地在「仕」與「隱」之間掙扎，人生觀也在「儒」與「道」之間徘徊，久久不能掙脫。然而，原先儒家淑世濟民的理想，一直未曾放棄，這可能是他願意離吳入京任官的動力之一。後來，他隨高駢軍出京，任毗陵副史；任職期間爲黃巢軍劫俘。黃巢攻入長安後，授其博士職。最後，因故爲黃巢所殺，結束其一生。

　　皮日休的思想涵有濃厚的復古傾向，他深信，古聖先賢揭示的義理，以及其所設計的制度，是解決眼前社會政治問題的良方。同時，他認爲儒道不但是爲政之道，亦是居家處世的立身準則。襲美的思想涵有深厚的民本精神，他撻伐那些不肖官員，亦呼籲統治者應妥善照顧人民。

　　本書已揭示，皮日休的思想在唐宋之際思想變遷的趨勢中，至少有三方面的重要性。其一，王通的地位因襲美的推崇，而在宋初水漲船高。他將文中子納入道統的系譜，以其下接韓愈，成爲新的道統觀；此一觀點經由柳開的繼承和宣揚，而在宋初流傳開來。其二，宋代以前，《孟子》未受到太大重視。皮日休《文藪》中徵引和發揮《孟子》理念之處甚多，在唐人文集裡頗爲少見。他主張《孟子》應列爲科舉考試科目，同時亦將《孟子》提高到經書的地位，反映了孟子學逐漸興起的趨勢。其三，襲美清晰地從學術思想的角度，肯定韓愈的貢獻，推崇退之爲儒家道統的傳人，且呼籲朝廷應將韓愈

入祀孔廟。這些論點在宋初引起了不小的迴響。

　　中唐儒家復興在韓愈和柳宗元的世代，臻至頂峰，降至晚唐五代，儘管未能維持中唐的盛況，然而，在皮日休之外，諸如陸龜蒙、司空圖、羅隱、牛希濟、孫郃這些知識分子，皆承繼了中唐儒家復興的思想遺產，不斷找尋儒家的根本精神以及淑世濟民之道。通過這些過渡型人物的努力，方使中唐儒家復興與北宋儒家運動之間的部分歷史環結得以形成。

　　北宋新儒家的思想之起始成因，以及形塑過程，晚唐至宋初這段過渡時期，扮演著轉關的角色。遺憾的是，學界對這段時期深度的思想研究仍舊闕如，使得我們無法對其獲致周全適切的解釋〔註1〕。關於這個課題，本書祇是一個初步的探索。希望在往後的日子裡，通過不斷的努力，我們能夠對於此一課題產生清晰的認識；到那時候，或許我們將會以嶄新的視野，重新評估宋學的內涵和源流。

〔註 1〕 Peter Bol 的著作 *"The Culture of Ours": Intellectual Transitions in T'ang-Sung China* (Stanford: Stanford Univ. Press, 1992)雖以唐宋思想變遷作為書名，然而，西元 850～1000 年這段關鍵的時期，即唐末至宋初，卻被輕易地略過而未加以探討。這亦從另一層面反映了我們對這段思想研究的空白。

參考書目

一、專　書

1. 人民文學出版社編輯部編，《唐詩研究論文集》（北京：人民文學出版社，1959 年）。

2. 尹協理、魏明，《王通論》（北京：中國社會科學出版社，1984 年）。

3. 尹洙，《河南先生文集》，景印文淵閣四庫全書（臺北：臺灣商務印書館，1983 年）。

4. 元結，《元次山集》（臺北：臺灣中華書局，1968 年）。

5. 元稹，《元稹集》（北京：中華書局，1982 年）。

6. 王士菁，《唐代文學史略》（長沙：湖南師範大學出版社，1992 年）。

7. 王吉林，《唐代南詔與李唐關係之研究》（臺北：聯鳴文化，1982 年）。

8. 王定保，《唐摭言》（臺北：新興，1988 年）。

9. 王通，《中說》（臺北：廣文書局，1975 年）。

10. 王陽明，《王陽明全書》（臺北：正中書局，1955 年）。

11. 王溥，《唐會要》（北京：中華書局，1990 年）。

12. 王潤華，《司空圖新論》（臺北：東大，1989 年）。

13. 王錫九，《皮陸詩歌研究》（合肥：安徽大學出版社，2004 年）。

14. 王讜，《唐語林校注》（北京：中華書局，1987 年）。

15. 古籍整理研究所編，《聖宋文選》（北京：線裝書局，2004 年）。

16. 司空圖，《司空表聖文集》（北京：文物出版社，1982 年）。

17. 司馬光，《資治通鑑》（臺北：西南書局有限公司，1982 年）。

18. 司馬遷，《史記》（臺北：鼎文書局，1986 年六版）。

19. 本田成之,《中國經學史》(臺北:廣文書局,1990 年再版)。

20. 甘鵬雲,《經學源流考》(臺北:廣文書局,1977 年)。

21. 申寶昆選註,《皮日休詩文選註》(上海:上海古籍出版社,1990 年)。

22. 白居易,《白居易集箋校》(上海:上海古籍出版社,1988 年)。

23. 皮日休,蕭滌非、鄭慶篤校註,《皮子文藪》(上海:上海古籍出版社,1979 年)。

24. 石介,《徂徠石先生文集》(北京:中華書局,1984 年)。

25. 任繼愈主編,《中國道教史》(上海:上海人民出版社,1990 年)。

26. 安徽通志館編,《安徽通志稿》(臺北:成文,1985 年)。

27. 朱彝尊,《經義考》(臺北:臺灣中華,1965 年)。

28. 江國貞,《司空表聖研究》(臺北:文津出版社,1989 年)。

29. 吳廷臣,《十國春秋》(北京:中華書局,1990 年)。

30. 吳宗國,《唐代科舉制度研究》(瀋陽:遼寧大學出版社,1997 年)。

31. 吳樹國,《唐宋之際田稅制度變遷研究》(哈爾濱:黑龍江大學出版社,2007 年)。

32. 呂武志,《唐末五代散文研究》(臺北:臺灣學生書局,1989 年)。

33. 呂祖謙編,《宋文鑑》(北京:中華書局,1992 年)。

34. 岑仲勉,《隋唐史》(北京:中華書局,1980 年)。

35. 李百藥,《北齊書》(臺北:鼎文書局,1987 年五版)。

36. 李志慧,《唐代文苑風尚》(臺北:文津出版社,1989 年)。

37. 李延壽,《北史》(臺北:鼎文書局,1985 年四版)。

38. 李昉等編,《太平御覽》,四部叢刊本(臺北:臺灣商務印書館,1986 年)。

39. 李昉等編,《太平廣記》(北京:中華書局,1981 年二刷)。

40. 李昉編,《文苑英華》(北京:中華書局,1990 年三刷)。

41. 李建崑,《元次山之生平及其文學》(臺北:臺灣商務印書館,1986 年)。

42. 李調元編,《全五代詩》(成都:巴蜀書社,1992 年)。

43. 李翱,《李文公集》(臺北:臺灣商務印書館,1965 年)。

44. 杜牧,《樊川文集》(臺北:漢京,1983 年)。

45. 杜荀鶴,《唐風集》,百部叢書集成續編(臺北:藝文,1978 年)。

46. 和珅等撰,《大清一統志》,景印文淵閣四庫全書(臺北:臺灣商務印書館,1983 年)。

47. 孟郊,《孟東野詩集》(北京:人民文學出版社,1959 年)。

48. 林禹、范同,《吳越備史》(臺北:藝文,1965 年)。

49. 林慎思，《續孟子》（臺北：世界書局，1962 年）。

50. 林慶彰編，《中國經學史論文選集》（臺北：文史哲，1992 年）。

51. 金中樞，《宋代學術思想研究》（臺北：幼獅文化事業公司，1989 年）。

52. 侯力，《科舉制度與唐代社會》（長沙：岳麓書社，1998 年）。

53. 姜國柱、朱葵菊，《中國歷史上的人性論》（北京：中國社會科學出版社，1989 年）。

54. 姚思廉，《梁書》（臺北：鼎文書局，1986 年五版年）。

55. 封演，《封氏聞見記》（臺北：廣文書局，1968 年）。

56. 柳宗元，《柳宗元集》（北京：中華書局，1979 年）。

57. 洪邁，《容齋續筆》，筆記小說大觀叢刊（臺北：新興，1988 年）。

58. 皇甫枚，《山水小牘》（臺北：木鐸出版社，1982 年）。

59. 皇甫湜，《皇甫持正文集》（臺北：臺灣中華書局，1975 年）。

60. 胡震亨，《唐音癸籤》（臺北：木鐸出版社，1982 年）。

61. 計有功，王仲鏞校箋，《唐詩紀事校箋》（成都：巴蜀書社，1989 年）。

62. 郁賢皓，《唐刺史考》（南京：江蘇古籍出版社，1987 年）。

63. 韋莊，《又玄集》（北京：中華書局，1958 年）。

64. 韋縠編，《才調集》（上海：上海書店，1989 年）。

65. 卿希泰主編，《中國道教史》（四川人民出版社，1992 年）。

66. 孫光憲，《北夢瑣言》（上海：上海古籍出版社，1991 年）。

67. 孫昌武，《唐代文學與佛教》（西安：陝西人民出版社，1985 年）。

68. 孫昌武，《唐代古文運動通論》（天津：百花文藝出版社，1984 年）。

69. 孫映逵，《唐才子傳校注》（北京：中國社會科學出版社，1991 年）。

70. 徐松，《登科記考》（北京：中華書局，1984 年）。

71. 徐紅，《北宋初期進士研究》（北京：北京人民出版社，2009 年）。

72. 晁公武，《郡齋讀書志》（臺北：廣文書局，1979 年）。

73. 班固，《漢書》（臺北：鼎文書局，1987 年五版）。

74. 馬國翰，《玉函山房輯佚書》（臺北：文海出版社，1967 年）。

75. 馬端臨，《文獻通考》（杭州：浙江古籍出版社，1988 年）。

76. 崔維嶽等，《宿州志》（臺北：成文，1985 年）。

77. 張國剛，《唐代藩鎮研究》（長沙：湖南教育出版社，1987 年）。

78. 張籍，《張司業詩集》，景印文淵閣四庫全書（臺北：臺灣商務印書館，1983 年）。

79. 張躍，《唐代後期儒學的新趨向》（臺北：文津出版社，1993 年）。

80. 梁韋弦，《孟子研究》（臺北：文津出版社，1993 年）。

81. 清聖祖編，《全唐詩》（臺北：文史哲出版社，1989 年）。

82. 脫脫，《宋史》（臺北：鼎文書局，1983 年三版）。

83. 陳尚君，《唐代文學叢考》（北京：中國社會科學出版社，1997 年）。

84. 陳弱水，《公共意識與中國文化》（臺北：聯經，2005 年）。

85. 陳振孫，《直齋書錄解題》（臺北：臺灣商務印書館，1978 年）。

86. 陳寅恪，《元白詩箋證稿》（上海：上海古籍出版社，1978 年）。

87. 陳滿銘，《中庸思想研究》（臺北：文津出版社，1989 年）。

88. 陸淳，《春秋集傳纂例》（海口：海南國際出版中心，1996 年）。

89. 陸游，《老學庵筆記》（臺北：廣文書局，1972 年）。

90. 陸龜蒙，《甫里先生文集》（臺北：藝文：1969 年）。

91. 陸龜蒙，《笠澤叢書》（臺北：藝文，1969 年）。

92. 陸龜蒙編，《松陵集》，景印文淵閣四庫全書（臺北：臺灣商務印書館，1983 年）。

93. 陶岳，《五代史補》（臺北：藝文，1969 年）。

94. 陶晉生等譯，《唐史論文選集》（臺北：幼獅文化，1990 年）。

95. 章學誠，《文史通義》（海口：海南國際出版中心，1996 年）。

96. 傅璇琮，《唐代科舉與文學》（臺北：文史哲出版社，1994 年）。

97. 傅璇琮主編，《唐才子傳校箋》（北京：中華書局，1990 年）。

98. 揚雄，《法言》（臺北：藝文，1965 年）。

99. 曾慥，《類說》（臺北：藝文，1969 年）。

100. 黃俊傑，《孟子》（臺北：東大圖書公司，1993 年）。

101. 黃進興，《優入聖域：權力、信仰與正當性》（臺北：允晨，1994 年）。

102. 楊伯峻編著，《春秋左傳注》（北京：中華書局，1981 年）。

103. 楊伯峻釋注，《孟子釋注》（香港：中華書局，1992 年）。

104. 楊波，《長安的春天：唐代科舉與進士生活》（北京：中華書局，2007 年）。

105. 董誥等編，《全唐文》（北京：中華書局，1983 年）。

107. 趙超，《新唐書宰相世系表集校》（北京：中華書局，1998 年）。

106. 趙璘，《因話錄》（上海：上海古籍出版社，1979 年）。

107. 劉方，《唐宋變革與宋代審美文化轉型》（上海：學林出版社，2009 年）。

108. 劉安，《淮南子》（上海：上海古籍出版社，1989 年）。

109. 劉珍，吳樹平校注，《東觀漢記校注》（鄭州：中州古籍出版社，1987 年）。

110. 劉禹錫，《劉禹錫集》（北京：中華書局，1990 年）。

111. 劉昫等，《舊唐書》（臺北：鼎文書局，1985 年四版年）。

112. 劉海峰，《唐代教育與選舉制度綜論》（臺北：文津出版社，1991 年）。

113. 劉國盈，《唐代古文運動論稿》（西安：陝西人民出版社，1984 年）。

114. 劉復生，《北宋中期儒學復興運動》（臺北：文津出版社，1991 年）。

115. 劉義慶，余嘉錫箋疏，《世說新語箋疏》（上海：上海古籍出版社，1993 年）。

116. 歐陽修、宋祁等，《新唐書》（臺北：鼎文書局，1985 年四版）。

117. 蔣星煜，《中國隱士與中國文化》（上海：中華書局，1947 年再版）。

118. 鄭文寶，《江南餘載》（臺北：藝文，1969 年）。

119. 鄭曉霞，《唐代科舉詩研究》（上海：復旦大學出版社，2006 年）。

120. 鄭樵，《通志》（杭州：浙江古籍出版社，1988 年）。

121. 鄧小軍，《唐代文學的文化精神》（臺北：文津出版社，1993 年）。

122. 鄧潭洲，《韓愈研究》（長沙：湖南教育出版社，1991 年）。

123. 魯迅，《魯迅全集》（臺北：谷風出版社，1989 年）。

124. 盧建榮，《北魏唐宋死亡文化史》（臺北：麥田，2006 年）。

125. 盧建榮，《咆哮彭城：唐代淮上軍民抗爭史（763～899）》（臺北：五南，2008 年）。

126. 蕭公權，《中國政治思想史》（臺北：聯經，1980 年）。

127. 錢易，《南部新書》（臺北：藝文，1969 年）。

128. 錢穆，《國史大綱》（臺北：臺灣商務印書館，1988 年修定十四版）。

129. 閻文儒，《唐代貢舉制度》（西安：陝西人民出版社，1988 年）。

130. 韓愈，馬通伯校注，《韓昌黎文集校注》（臺北：華正書局，1986 年）。

131. 魏收，《魏書》（臺北：鼎文書局，1987 年五版年）。

132. 羅聯添，《韓愈研究》（臺北：臺灣學生書局，1988 年增訂三版）。

133. 羅隱，《羅隱集》（北京：中華書局，1983 年）。

二、一般論文與期刊論文

1. 尹楚彬，〈皮日休、陸龜蒙二三事跡新考〉，《中國韻文學刊》，1998 年第一期。

2. 亢巧霞，〈皮日休及第前後思想和創作特色及原因〉，《廈門大學學報》（哲學社會科學版），2005 年第五期。

3. 王盈芬，〈皮日休詩歌研究〉（嘉義：中正大學中文研究所碩士論文，1992 年）。

4. 王煜，〈晚唐皮日休的哲思（一、二）〉，《新亞生活》，十七卷五～六期，

1990 年。

5. 王煜，〈晚唐皮日休的哲思〉，《中國文化月刊》，1989 年。

6. 王運熙，〈皮日休的文學批評〉，《陰山學刊》，1992 年第三期。

7. 王運熙，〈諷諭詩和新樂府的關係和區別〉，《復旦學報》，1991 年第六期，頁 77～81。

8. 王壽南，〈論晚唐裘甫之亂〉，《國立政治大學學報》（十九），1969 年，頁 283～308。

9. 王輝斌，〈皮日休行事探說〉，《太原師範學院學報》（社會科學版），2005 年第一期。

10. 王輝斌，〈皮日休婚姻考略——兼及其生卒年與死因諸問題〉，《阜陽師範學院學報》（社科版），2001 年第一期。

11. 正達，〈論皮日休之死〉，《西華師範大學學報》（哲學社會科學版），1993 年第二期。

12. 申寶昆，〈制遠非、補近失，觀乎功、戒乎政——皮日休文學思想管窺〉，《中國古典文學論集》（七），1989 年。

13. 申寶昆，〈試論皮日休在唐末詩轉變中的作用〉，《齊魯學刊》，1989 年第三期。

14. 吳松泉，〈〈題同官縣壁〉非皮日休作〉，《南充師院學報》，1982 年第四期。

15. 吳松泉，〈皮日休參加黃巢起義軍時地考〉，《西華師範大學學報》（哲學社會科學版），1992 年第四期。

16. 岑仲勉，〈唐方鎮年表正補〉，《歷史語言研究所集刊》第十五本，1948 年。

17. 李必忠，〈論唐玄宗時期的社會矛盾——兼論唐王朝由盛轉衰的原因〉，輯入史念海主編，《唐史論叢》第二輯（西安：陝西人民出版社，1987 年），頁 137～162。

18. 李妍，〈二十世紀皮日休研究述略〉，《牡丹江師範學院學報》（哲學社會科學版），2006 年第六期。

19. 李復標，〈皮日休交遊中的幾個問題〉，《湖南大學學報》（社會科學版），1996 年第三期。

20. 李菊田，〈皮日休生平事跡考〉，《天津師院學報》，1958 年第三期。

21. 李福標，〈皮日休五入長安說〉，《咸陽師範學院學報》，1999 年第二期。

22. 李福標，〈皮日休散體文管窺〉，《西北大學學報》（哲學社會科學版），2000 年第四期。

23. 李福標，〈皮日休諸問題探討〉，《延安大學學報》（哲學社會科學版），1994

年第四期。

24. 李福標,〈皮日休隱居芻議〉,《咸陽師範專科學校學報》,1996 年第五期。

25. 李福標,〈先秦散文對皮日休的影響〉,《咸陽師範學院學報》,1997 年第二期。

26. 李福標,〈論皮日休、陸龜蒙的雜體詩〉,《湘南學院學報》,2005 年第一期。

27. 李福標,〈論皮日休對孟浩然的學習〉,《西北大學學報》(哲學社會科學版),1997 年第四期。

28. 李慶年,〈關於皮日休的一些問題〉,《唐代文學論叢》(九)(西安:陝西人民出版社,1987 年)。

29. 步近智,〈唐末五代皮日休、無能子、譚峭的進步思想〉,《歷史教學》,1980 年第十二期。

30. 沈開生,〈皮日休同情農民起義嗎?——論皮日休的地主階級立場〉,《北方論叢》,1982 年第二期,頁 35～40。

31. 沈開生,〈皮日休繫年考辨〉,《研究生論文集·中國古代文學分冊》(南京:江蘇人民出版社,1983 年)。

32. 周連寬,〈皮日休的生平及其著作〉,《嶺南學報》,第十二卷第一期,1952 年。

33. 林啟興,〈羅隱的「十舉不第」與晚唐科舉〉,《北京師範大學學報》,1994 年第二期。

34. 松尾幸忠,〈從「詩跡」看皮日休〈館娃宮懷古〉中的「香徑」一詞〉,《欽州師範高等專科學校學報》,1998 年第四期。

35. 邵傳烈,〈晚唐的抗爭和激奮之談——略論羅隱、皮日休、陸龜蒙的雜文〉,《江海學刊》,1990 年第六期。

36. 姚垚,〈皮日休陸龜蒙唱和詩研究〉(臺北:臺灣大學中文研究所碩士論文,1980 年)。

37. 唐玲玲,〈皮日休簡論〉,《華中師院學報》,1978 年第四期。

38. 袁宏軒,〈皮日休死因探考〉,《山西師院學報》,1985 年第二期。

39. 袁英光,〈試論唐代藩鎮割據的幾個問題〉,輯入中國唐史研究會編,《唐史研究會論文集》(西安:陝西人民出版社,1983 年),頁 268～291。

40. 馬玨環,〈皮日休年譜會箋(下)〉,《寶雞文理學院學報》(社會科學版),1996 年第二期。

41. 馬玨環,〈皮日休年譜會箋(上)〉,《寶雞文理學院學報》(社會科學版),1996 年第一期。

42. 高林廣,〈簡論皮日休的詩歌理論〉,《語文學刊》,1998 年第六期。

43. 張安祖，〈《論白居易薦徐凝屈張祜》非皮日休所作〉，《文學遺產》，1996年第四期。

44. 張志康，〈皮日休究竟是怎樣死的？〉，《學術月刊》，1979年第八期。

45. 張楠，〈論皮日休的諷悼文對屈原騷體文的繼承與變異〉，《襄樊學院學報》，2007年第四期。

46. 張麗，〈百年皮日休研究綜述〉，《安徽文學》（下半月），2006年第十期。

47. 許蘇民，〈一塌糊塗的泥塘裡的光彩和鋒芒——論皮日休的思想及其歷史地位〉，《江漢論壇》，1987年6月。

48. 郭義淦、郭義濤，〈皮日休籍貫考〉，《武漢師範學院學報》，1984年五期。

49. 陳弱水，〈《復性書》思想淵源再探——漢唐心性觀念史之一章〉，《中央研究院歷史語言研究所集刊》，第六十九本第三分（1998年6月），頁423～482。

50. 陳弱水，〈柳宗元與中唐儒家復興〉，《新史學》，五卷一期，1992年。

51. 陳弱水，〈論中唐古文運動的一個社會文化背景〉，《鄭欽仁教授榮退紀念論文集》（臺北：稻鄉出版社，1999年），頁217～246。

52. 陳啟智，〈論皮日休、柳開的儒學與道統思想〉，《湛江師範學院學報》（社會科學版），1997年第二期。

53. 章群，〈啖趙陸三家春秋之說〉，《錢穆先生八十歲紀念論文集》（香港：新亞研究所，1974年），頁149～159。

54. 單書安，〈《正樂府》仿《系樂府》淺說〉，《江海學刊》，1989年第六期。

55. 曾廣開，〈「元和體」概說〉，《河南大學學報》，第三十四卷二期，1994年。

56. 程方平，〈論林慎思對儒學的改造〉，輯入淡江大學中文系主編，《晚唐的社會與文化》（臺北：學生書局，1990年），頁381～399。

57. 覃壽芳，〈皮日休〈桃花賦〉欣賞〉，《閱讀與寫作》，1997年第五期。

58. 黃保眞，〈論皮日休的文學思想〉，《學術月刊》，1982年第五期。

59. 黃清連，〈唐代的文官考課制度〉，《中央研究院歷史語言研究所集刊》，五十五本一分（1984年），頁139～200。

60. 黃清連，〈高駢縱巢渡淮——唐代藩鎮對黃巢叛亂的態度研究之一〉，《大陸雜誌》，八十卷一期（1990年），頁3～22。

61. 楊妙燕，〈皮日休與陸龜蒙的散文研究〉（高雄：高雄師範大學中文研究所碩士論文，1993年）。

62. 楊雅文，〈從《皮子文藪》看皮日休的教育思想〉，《煙臺師範學院學報》，1992年第三期。

63. 趙和平，〈唐代兩稅法實行後的兩個突出的問題〉，輯入中國唐史學會編，

《唐史學會論文集》（西安：陝西人民出版社，1986 年），頁 259～277。

64. 趙榮蔚，〈論皮日休尊儒重道思想的時代內涵〉，《南京師大學報》（社會科學版），2000 年第二期。

65. 趙熙文，〈略論皮日休參加義軍的思想基礎〉，《湖北大學學報》，1985 年第三期。

66. 劉乾，〈論啖助學派〉，原載《西南師範學院學報》，1984 年第一期，頁 59～71。

67. 劉偉，〈晚唐詩人皮日休結局考釋〉，《樂山師範學院學報》，2003 年第七期。

68. 劉國盈，〈皮日休和古文運動〉，《昆明師院學報》，1983 年第一期。

69. 劉揚忠，〈皮日休簡論〉，《中國古典文學論叢》（一）（北京：北京人民出版社，1984 年）。

70. 鄭慶篤，〈皮日休〉，《中國歷代著名文學家評傳》第二卷（濟南：山東教育出版社，1983 年）。

71. 鄭慶篤，〈論皮日休〉，《山東大學文科論文集刊》，1981 年第一期。

72. 盧建榮，〈中晚唐藩鎮文職幕僚職位的探討：以徐州節度區為例中晚唐藩鎮文職幕僚職位的探討——以徐州節度區為例〉，《第二屆國際唐代學術會議論文集》，1993 年，頁 1237～1271。

73. 蕭滌非，〈校點《皮子文藪》說明——兼論有關皮日休諸問題〉，《文史哲》，1958 年第一期。

74. 蕭滌非，〈論有關皮日休諸問題〉，收入《唐詩研究論文集》（北京：人民文學出版社，1959 年）。

75. 錢穆，〈雜論唐代古文運動〉，《中國學術思想史論叢》（四）（臺北：東大，1991 年），頁 16～19。

76. 錢穆，〈讀王通中說〉，《中國學術思想史論叢》（四）（臺北：東大，1991 年），頁 1～15。

77. 繆鉞，〈皮日休的事蹟思想及其作品〉，《四川大學學報》，1955 年第二期。

78. 繆鉞，〈再論皮日休參加黃巢起義軍的問題〉，《歷史研究》，1958 年第二期。

79. 聶祖玉，〈皮日休文學觀念初探〉，《安康學院學報》，2007 年第二期。

80. 顏玲，〈警世醒俗剝非補失——讀皮日休的箴、銘〉，《華東大學學報》，1991 年。

三、日　文

1. 本田濟，〈讀《皮子文藪》〉，《中國哲理史の展望和模索》（東京：創文社，1976 年 11 月）。

2. 田口暢穗，〈皮日休の孟浩然評——〈郢州孟亭記〉をめぐつて〉，《早稻田大學大學院文學研究科・紀要別冊》（二），1976 年 3 月。

3. 西川素治，〈皮日休試論〉，《中國農民戰爭史研究》（五），1979 年。

4. 吹野安，〈皮日休と孟浩然〉，《國學院雜誌》八十（九），1979 年 6 月。

5. 吹野安，〈皮日休と孟軻〉，《國學院雜誌》八十（九），1979 年 9 月。

6. 吹野安，〈皮日休の文學——《皮子文藪》散文と中心として〉，《國學院雜誌》七十九（十），1978 年 10 月。

7. 周藤吉之，《五代と宋の興亡》（東京：講談社，2004 年）。

8. 周藤吉之，《唐宋社會經濟史研究》（東京：東京大學出版會，1965 年）。

9. 前川幸雄，〈《松陵集》所收詩の和韻の型態〉，《漢文學會會報》（國學院大學）二十六，1980 年 11 月。

10. 前川幸雄，〈皮日休唱和詩の四聲詩について〉，《漢文學會會報》（國學院大學）二十八，1982 年 11 月。

11. 前川幸雄，〈皮日休陸龜蒙の「夜會問答」について〉，《漢文學會會報》（國學院大學）三十一，1986 年 2 月。

12. 船越泰次，《唐代兩稅法研究》（東京：汲古書院，1996 年）。

13. 愛甲弘志，〈『皮子文藪』所收「鹿門隱書」について〉，京都女子大學《人文論叢》四十一，1993 年。

14. 愛甲弘志，〈皮日休の「補周禮九夏系文」について〉，京都大學人文科學研究所編，《中國古代禮制研究》，1995 年。

15. 愛甲弘志，〈皮日休試論〉，《中國詩人論——岡村繁教授退官記念論集》（東京：汲古書院，1986 年 10 月）。

16. 增田清秀，〈皮日休の正樂府〉，《支那學研究》（二十四～二十五），1960 年。

17. 增田清秀，《樂府の歷史的研究》（東京：創文社，1975 年）。

四、西　文

1. Barrett, T.H.　*Li Ao: Buddhist, Taoist, or Neo-Confucian*? N.Y.: Oxford Univ. Press, 1992.

2. Barrett, T.H.　*Taoism Under the T'ang: Religion & Empire During the Golden Age of Chinese History*, London: Wellsweep, 1996.

3. Benn, Charles D.　*Daily Life in Traditional China: the Tang Dynasty*, Westport, Conn.: Greenwood Press, 2002.

4. Bol, Peter.　*"The Culture of Ours": Intellectual Transitions in T'ang-Sung China*, Califonia: Stanford Univ. Press, 1992；中譯本，劉寧譯，《斯文：唐宋思想的轉型》（南京：江蘇人民出版社，2001 年）。

5. Chaffee, John W. *The Thorny Gates of Learning in Sung China: a Social History of Examinations*, Albany: State University of New York Press, 1995.

6. Chen, Jo-Shui. *Liu Tsung-yuan and Intellectual Change in T'ang China, 773~819*, Cambridge: Cambridge Univ. Press, 1992.

7. Chen, Yu-shih. *Images and Ideas in Chinese Classical Prose Studies of Four Masters*, Califonia: Stanford Univ. Press, 1988.

8. de Bary, Wm. Theodore and John W. Chaffee *Neo-Confucian Education: the Formative Stage*, Berkeley: University of California Press, 1989.

9. de Bary, Wm. Theodore. "Some Common Tendencies in Neo-Confucianism", In David S. Nivison and Arthur F. Wright eds., *Confucianism in Action*, Califonia: Stanford Univ. Press, 1959.

10. Hartman, Charles. *Han Yu and the T'ang Search for Unity*, New Jersey: Princeton Univ. Press, 1986.

11. Manley, Victor Eugene. "A Conservative Reformer in T'ang China: the Life and Thought of Han Yu (768~824)", Ph. D. dissertation, University of Arizona, 1986.

12. McMullen, David. "Historical and Literary Theory in the Mid-Eighth Century", in Arthur F. Wright and Denis Twitchett eds., *Perspectives on the T'ang*, New Haven and London: Yale University Press, 1973.

13. McMullen, David. *State and Scholars in T'ang China*, Cambridge: Cambridge Univ. Press, 1988.

14. Nienhauser, William H. Jr. *P'i Jih-hsiu*, Boston: Twayne Publishers, 1979.

15. Nivison, David S. "Introduction", in David S. Nivison and Arthur F. Wright eds., *Confucianism in Action*, Califonia: Stanford Univ. Press, 1959.

16. Peterson, C. A. "Court and Province in Mid-and late T'ang", in Denis Twitchett ed., *The Cambridge History of China*, vol.3, Part 1, *Sui and T'ang China, 589~906*, Cambridge: Cambridge Univ. Press, 1979, pp. 464~560.

17. Pulleyblank, Edwin G. *Essays on Tang and Pre-Tang China*, Aldershot, Hampshire: Ashgate, 2001.

18. Somers, Robert M. "The Collapse of the T'ang Order", Ph. D. dissertation, Yale University, 1975.

19. Somers, Robert M. "The End of the T'ang", in Denis Twitchett ed., *The Cambridge History of China*, vol.3, Part 1, *Sui and T'ang China, 589~906*, Cambridge: Cambridge Univ. Press, 1979, pp. 682~789.

20. Wechsler, Howard J. "The Confucian Teacher Wang T'ung (584?~617?): One Thousand Years of Controversy", *T'oung Pao*, LXIII (1977), pp. 225~72.

附　錄

附錄一　皮日休作品補遺與輯評

一、補　遺

　　按：以下十首詩輯自《沔陽州志》（臺北：成文出版社，1979 年），卷六，〈提封下・景陵十景〉，頁 156～158。《全唐詩補編》輯有其中三首，分別是〈道院迎仙〉、〈天門夕照〉和〈笑城暮雨〉，但第三首詩題則稍有不同，題作〈青城暮雨〉。輯校者疑此三者非日休詩作。參見陳尚君輯校，《全唐詩補編》（北京：中華書局，1992 年），頁 1180～1181。誠然，這十首詩所勾勒之景致爲日休家鄉竟陵，但風格同《文藪》中的詩作不類，反而較近《松陵集》中之作品，極有可能是托名之僞作。

〈道院迎仙〉：

　　　　百尺丹臺倚翠華，洞門迢遞隔煙霞。雨中白鹿眠芳草，松下青牛臥落花。函谷月明浮紫氣，瑤池水暖伏丹沙。拋書亦欲尋眞去，安得相從一飯麻。

〈書堂出相〉：

　　　　棲遲泮水醉詩書，自是明時未相儒。版築久淹商傅說，鑪沽猶滯漢相如。葛巾藜仗雙蓬鬢，明月清風一草廬。他日得君行學志，贊襄仁德媲唐虞。

〈鳳竹晴煙〉：

　　　　半畝湘筠幾萬竿，濃陰匝地晝生寒。煙籠翠葆疑棲鳳，露泡青芬欲

－131－

舞鷺。勁節受霜心不改，新梢搖日淚初乾。風流未許王猷擅，漠漠
猶宜雨後看。

〈龍池春漲〉：

龍池發綠浩無邊，一氣渾融太極先。氣憾乾坤聲動地，光浮日月氣
吞天。驚濤赤鯉頻翻藻，出曝玄龜欲上蓮。翹首禹門春浪暖，擬隨
魚化出重淵。

〈夢野秋蟾〉：

地埑長淮月湧金，九天寒氣襲人襟。銀河耿耿秋空闊，玉海沈沈波
浪深。華表臥雪歸鶴散，碧叢沾露候蟲吟。神農一去無消息，寂寞
湖山自古今。

〈天門夕照〉：

落霞如綺絢晴空，坐看天門欲下春。十里孤峰層漢碧，數村殘照半
江紅。荒城市暝人歸牧，遠浦沙明水宿鴻。回首長安處處是，嵯峨
宮闕五雲中。

〈三滋漁歌〉：

長歌欸乃發中流，短棹輕舟任去留。落日煙波三汊晚，蒹葭風露五
湖秋。尊盈秫醑醹初潑，膾切魚絲網乍收。明月遨遊滄海闊，敲舷
又擬下金鉤。

〈五華樵唱〉：

一聲樵唱落雲間，伐木丁丁響萬山。松逕有風時洶濤，石泉無雨晝
潺湲。負薪每下牛羊隊，荷擔曾經虎豹關。欲把新書拋卻後，五華
仙境任擠攀。

〈梵剎晨鐘〉：

月落鐘聲出上方，山光水色曉蒼蒼。驚回客枕還家夢，喚起僧梵禮
佛香。鳥散殘星飛碧落，雞鳴旭日麗扶桑。春風二月長安道，馬首
經行兩鬢霜。

〈笑城暮雨〉：

草樹連雲雉堞平，瀟瀟風雨暗荒城。流歸澗壑應無色，響入松衫覺
有聲。旅邸愁人寧復夢，書堂倦客若爲情。芭蕉滴瀝傷心處，俯仰
空懷一笑名。

按：下一首詩輯自《全唐詩補編》，頁 1180。

〈望故沔城〉：

> 江城遺壞在，艤棹望天涯。古壁昭丘樹，殘紅夢苑花。樓臺依水勢，
> 雉堞帶山斜。何事堪揮淚，鄉程北去賒。

　　按：下一首詩輯自《全唐詩補編》，頁242。

〈題包山〉：

> 一片煙村勝畫圖，四邊波浪送清虛。此中人若無租稅，直是蓬瀛也
> 不如。

　　按：下三首詩輯自《全唐詩補編》，頁434。

〈題惠山泉二首〉：

> 丞相長思煮泉時，郡侯催發只嫌遲。吳關去國三千里，莫笑楊妃愛
> 荔枝。

> 馬卿消瘦年纔有，陸羽茶門近始聞。時借僧爐拾寒葉，自來林下煮
> 潺湲。

〈泰伯廟〉：

> 蠻荊古服屬南荒，大聖開基闢草堂。載造文明追二帝，尚餘揖讓補
> 三王。

〈望虞亭〉：

> 盤迴曲澗數峰青，雲護皇山一古亭。千里明月回首望，飛煙沖起海
> 虞濱。

二、輯　評

嚴羽，《滄浪詩話‧詩評》云：

> 和韻最害詩人。古人酬唱不次韻，此風始盛於元白、皮陸，而本朝
> 諸賢乃以此鬥工，遂至往復有八九和者。

王若虛，《滹南詩話》卷一云：

> 皮日休詠房杜詩云：「黃閣三十年，清風一萬古」凡言千古萬古者，
> 皆是無窮之意。今下一字便有所止矣。……楚辭自是文章一絕，後
> 人固難追攀，然得其近似可矣。如皮日休擬九歌（按：即〈九諷〉）
> 有云：「王孫何處兮碧草極目，公子不來兮清霜滿樓（按：《全唐文》
> 作「清湘滿眸」）。汀邊月色兮曉將曉，浦上蘆花兮秋復秋」。此何等
> 語耶！

胡震亨,《唐音癸籤》卷八〈評彙〉(四)云:

> 皮襲美未第前詩尚樸澀無采。第後游松陵,如〈太湖〉諸篇,才筆開橫,富有奇豔句矣。律詩刻畫堆垛,諷之無音,病在下筆時先詞後情,無風骨爲之幹也。

王夫之,《薑齋詩話》云:

> 含情而能達,會景而生心,體物而得神,則自有靈通之句,參化工之妙。若但於句求巧,則性情先爲外蕩生意索然矣。「松陵體」永墮小乘者,以無句不巧也。然皮、陸二子差有會興猶堪諷詠。

賀裳,《載酒園詩話‧又編》:

> 淵明〈五柳先生贊〉曰:「不汲汲於富貴,不戚戚於貧賤。」讀《松陵集》彷彿猶存其致。詩不爲佳,筆墨之外,自覺高韻可欽,其神明襟度勝耳。

許自昌,〈刻文藪小引〉云:

> 嗟乎!皮陸二子在唐雖爲晚格,其學識淵茂,結構縝密,楚騷、漢賦、魏詩、唐律,咸卓然可觀,出自機軸,不隨人腳踵,恐不得以晚唐少之。

《四庫全書‧文藪提要》、《四庫全書‧總目提要》云:

> 今觀集中書、序、論、辨諸作,亦多能原本經術,其〈請孟子爲學科〉、〈請韓愈配饗太學〉二書,在唐人尤爲卓識,不得謹以詞章目之。

李松壽,〈重刊宋本文藪序〉云:

> 《皮子文藪》雖能原本經術,要亦猶是咸通、廣明之常,未足方駕貞元、元和而上。獨其〈請立孟子於學科〉、〈配饗韓文公於太學〉,偉論卓識,唐人中未有及焉。……皮子起衰周後千餘年,當韓子道未大光之時,獨能高出李泰伯、司馬君實諸公所見而創其說,繼李漢、皇甫持正諸人而力致其尊崇。……孟子之得繼孔、曾、思,而稱「四子」,韓子之能超軼荀、揚而上配孟子,雖經程、朱、歐、蘇諸公表章論定,即謂其議實自皮子開之,可也。

余成教,《石園詩話》卷二:

> 晚唐詩人之相得者,以陸魯望龜蒙、皮襲美日休爲最。

趙翼,《陔餘叢考》卷四:

孟子書，漢以來雜于諸子中，少有尊崇者，自唐楊綰始請以《論語》、
《孝經》、《孟子》兼爲一經，未行。韓昌黎又推崇之，其後皮日休
請立孟子爲學科，……則宋人之尊孟子，其端發於楊綰、韓愈，其
說暢於日休也。

王應麟，《困學紀聞》卷十八：

唐始有用韻，謂同用此韻，後依韻，然不以次，最後有次韻，自元
白至皮陸，其體乃成。

辛文房，《唐才子傳》卷八〈皮日休〉：

夫次韻唱酬其法不古，元和以前未之見也。暨令狐楚、薛能、元稹、
白樂天集中稍稍開端。以意相和之法漸廢間作。逮日休、龜蒙則飆
流頓盛，猶空谷有聲隨響即答。

都穆，《南濠詩話》：

古人詩有唱和者，蓋彼唱而我和之，初不拘體製兼襲其韻也。後乃
有用人韻以答之者，觀老杜、嚴武詩可見，然亦不一一次其韻也。
至元白、皮陸諸公始尚次韻，爭奇鬥險，多至數百言，往來至數十
首。

吳喬，《圍爐詩話》卷一：

步韻元白猶少，皮陸已多。

趙執信，《談龍錄》：

元白、皮陸並世頡頏，以筆墨相娛樂。後來效以唱酬，不必盡佳，
要不可廢。

錢大昕，《十駕齋養新錄》卷十六：

五七言近體第一句借用旁韻，謂之「借韻」。唐詩「犬吠水聲中，桃
花帶雨濃」，「錦幛初卷衛夫人，繡被猶堆越鄂君」，始啓其端，至皮
陸《松陵集》則舉不勝舉矣。宋人借韻尤多，近代名家以此爲戒，
此後生之勝于前賢者。

王葆心，《古文辭通義》卷十四，〈唐代文家流衍之地域〉：

韓子學獨孤氏，拓而大之；柳子厚從而和之，北派始大；歐陽詹、
皇甫湜又傳北宗而南，皮日休、陸龜蒙亦南方後起也。

附錄二　今人研究目錄

按：以下的排列係依出版年份為序。

一、專　論

1. Nienhauser, William H., Jr.　*P'i Jih-hsiu*, Boston: Twayne Publishers, 1979.
2. 姚垚，〈皮日休陸龜蒙唱和詩研究〉（臺北：臺灣大學中文研究所碩士論文，1980 年）。
3. 王盈芬，〈皮日休詩歌研究〉（嘉義：中正大學中文研究所碩士論文，1993 年）。
4. 楊妙燕，〈皮日休與陸龜蒙的散文研究〉（高雄：高雄師範大學中文研究所碩士論文，1993 年）。
5. 王錫九，《皮陸詩歌研究》（合肥：安徽大學出版社，2004 年）。

二、校註或選註

1. 蕭滌非、鄭慶篤校註，《皮子文藪》（上海：上海古籍出版社，1979 年）。
2. 申寶昆選註，《皮日休詩文選註》（上海：上海古籍出版社，1990 年）。

三、論　文

1. 周連寬，〈皮日休的生平及其著作〉，《嶺南學報》，第十二卷一期，1952 年。
2. 繆鉞，〈皮日休的事蹟思想及其作品〉，《四川大學學報》，1955 年第二期。
3. 蕭滌非，〈校點《皮子文藪》說明——兼論有關皮日休諸問題〉，《文史哲》，1958 年第一期。
4. 繆鉞，〈再論皮日休參加黃巢起義軍的問題〉，《歷史研究》，1958 年第二期。
5. 李菊田，〈皮日休生平事跡考〉，《天津師院學報》，1958 年第三期。
6. 蕭滌非，〈論有關皮日休諸問題〉，收入《唐詩研究論文集》（北京：人民文學出版社，1959 年）。
7. 唐玲玲，〈皮日休簡論〉，《華中師院學報》，1978 年第四期。
8. 張志康，〈皮日休究竟是怎樣死的？〉，《學術月刊》，1979 年第八期。
9. 步近智，〈唐末五代皮日休、無能子、譚峭的進步思想〉，《歷史教學》，

1980 年第十二期。

10. 鄭慶篤，〈論皮日休〉，《山東大學文科論文集刊》，1981 年第一期。

11. 吳松泉，〈〈題同官縣壁〉非皮日休作〉，《南充師院學報》，1982 年第四期。

12. 沈開生，〈皮日休同情人民和人民起義嗎？〉，《北方論叢》，1982 年第二期。

13. 黃保眞，〈論皮日休的文學思想〉，《學術月刊》，1982 年第五期。

14. 劉國盈，〈皮日休和古文運動〉，《昆明師院學報》，1983 年第一期。

15. 沈開生，〈皮日休繫年考辨〉，《研究生論文集·中國古代文學分冊》（南京：江蘇人民出版社，1983 年）。

16. 鄭慶篤，〈皮日休〉，《中國歷代著名文學家評傳》第二卷（濟南：山東教育出版社，1983 年）。

17. 郭義淦、郭義濤，〈皮日休籍貫考〉，《武漢師範學院學報》，1984 年第五期。

18. 劉揚忠，〈皮日休簡論〉，《中國古典文學論叢》（一）（北京：北京人民出版社，1984 年）。

19. 袁宏軒，〈皮日休死因探考〉，《山西師院學報》，1985 年第二期。

20. 趙熙文，〈略論皮日休參加義軍的思想基礎〉，《湖北大學學報》，1985 年第三期。

21. 李慶年，〈關於皮日休的一些問題〉，《唐代文學論叢》（九）（西安：陝西人民出版社，1987 年）。

22. 許蘇民，〈一塌糊塗的泥塘裡的光彩和鋒芒——論皮日休的思想及其歷史地位〉，《江漢論壇》，1987 年 6 月。

23. 王煜，〈晚唐皮日休的哲思〉，《中國文化月刊》，1989 年。

24. 申寶昆，〈制遠非、補近失，觀乎功、戒乎政——皮日休文學思想管窺〉，《中國古典文學論集》（七），1989 年。

25. 申寶昆，〈試論皮日休在唐末詩轉變中的作用〉，《齊魯學刊》，1989 年第三期。

26. 單書安，〈〈正樂府〉仿〈系樂府〉淺說〉，《江海學刊》，1989 年第六期。

27. 邵傳烈，〈晚唐的抗爭和激奮之談——略論羅隱、皮日休、陸龜蒙的雜文〉，《江海學刊》，1990 年第六期。

28. 王煜，〈晚唐皮日休的哲思（一、二）〉，《新亞生活》，十七卷五～六期，1990 年。

29. 顏玲，〈警世醒俗剝非補失——讀皮日休的箴、銘〉，《華東大學學報》，1991 年。

30. 楊雅文，〈從《皮子文藪》看皮日休的教育思想〉，《煙臺師範學院學報》，1992 年第三期。

31. 吳松泉，〈皮日休參加黃巢起義軍時地考〉，《西華師範大學學報》（哲學社會科學版），1992 年第四期。

32. 王運熙，〈皮日休的文學批評〉，《陰山學刊》，1992 年第三期。

33. 正達，〈論皮日休之死〉，《西華師範大學學報》（哲學社會科學版），1993 年第二期。

34. 李福標，〈皮日休諸問題探討〉，《延安大學學報》（哲學社會科學版），1994 年第四期。

35. 張安祖，〈〈論白居易薦徐凝屈張祜〉非皮日休所作〉，《文學遺產》，1996 年第四期。

36. 馬丕環，〈皮日休年譜會箋（上）〉，《寶雞文理學院學報》（社會科學版），1996 年第一期。

37. 馬丕環，〈皮日休年譜會箋（下）〉，《寶雞文理學院學報》（社會科學版），1996 年第二期。

38. 李復標，〈皮日休交遊中的幾個問題〉，《湖南大學學報》（社會科學版），1996 年第三期。

39. 李福標，〈皮日休隱居芻議〉，《咸陽師範專科學校學報》，1996 年第五期。

40. 李福標，〈論皮日休對孟浩然的學習〉，《西北大學學報》（哲學社會科學版），1997 年第四期。

41. 李福標，〈先秦散文對皮日休的影響〉，《咸陽師範學院學報》，1997 年第二期。

42. 陳啓智，〈論皮日休、柳開的儒學與道統思想〉，《湛江師範學院學報》（社會科學版），1997 年第二期。

43. 覃壽芳，〈皮日休〈桃花賦〉欣賞〉，《閱讀與寫作》，1997 年第五期。

44. 松尾幸忠，〈從「詩跡」看皮日休〈館娃宮懷古〉中的「香徑」一詞〉，《欽

州師範高等專科學校學報》，1998 年第四期。

45. 尹楚彬，〈皮日休、陸龜蒙二三事跡新考〉，《中國韻文學刊》，1998 年第一期。

46. 高林廣，〈簡論皮日休的詩歌理論〉，《語文學刊》，1998 年第六期。

47. 李福標，〈皮日休五入長安說〉，《咸陽師範學院學報》，1999 年第二期。

48. 趙榮蔚，〈論皮日休尊儒重道思想的時代內涵〉，《南京師大學報》（社會科學版），2000 年第二期。

49. 李福標，〈皮日休散體文管窺〉，《西北大學學報》（哲學社會科學版），2000 年第四期。

50. 王輝斌，〈皮日休婚姻考略──兼及其生卒年與死因諸問題〉，《阜陽師範學院學報》（社科版），2001 年第一期。

51. 劉偉，〈晚唐詩人皮日休結局考釋〉，《樂山師範學院學報》，2003 年第七期。

52. 王輝斌，〈皮日休行事探說〉，《太原師範學院學報》（社會科學版），2005 年第一期。

53. 李福標，〈論皮日休、陸龜蒙的雜體詩〉，《湘南學院學報》，2005 年第一期。

54. 亢巧霞，〈皮日休及第前後思想和創作特色及原因〉，《廈門大學學報》（哲學社會科學版），2005 年第五期。

55. 李妍，〈二十世紀皮日休研究述略〉，《牡丹江師範學院學報》（哲學社會科學版），2006 年第六期。

56. 張麗，〈百年皮日休研究綜述〉，《安徽文學》（下半月），2006 年第十期。

57. 晶祖玉，〈皮日休文學觀念初探〉，《安康學院學報》，2007 年第二期。

58. 張楠，〈論皮日休的諷悼文對屈原騷體文的繼承與變異〉，《襄樊學院學報》，2007 年第四期。

四、日　文

1. 增田清秀，〈皮日休の正樂府〉，《支那學研究》（二十四～二十五），1960 年。

2. 增田清秀，《樂府の歷史的研究》（東京：創文社，1975 年）。

3. 田口暢穗，〈皮日休の孟浩然評──〈郢州孟亭記〉をめぐつて〉，《早稻

田大學大學院文學研究科・紀要別冊》（二），1976 年 3 月。

4. 本田濟，〈讀《皮子文藪》〉，《中國哲理史の展望和模索》（東京：創文社，1976 年 11 月）。

5. 西川素治，〈皮日休試論〉，《中國農民戰爭史研究》（五），1979 年。

6. 吹野安，〈皮日休の文學——《皮子文藪》散文を中心として〉，《國學院雜誌》七十九（十），1978 年 10 月。

7. 吹野安，〈皮日休と孟浩然〉，《國學院雜誌》八十（九），1979 年 6 月。

8. 吹野安，〈皮日休と孟軻〉，《國學院雜誌》八十（九），1979 年 9 月。

9. 前川幸雄，〈《松陵集》所收詩の和韻の型態〉，《漢文學會會報》（國學院大學）二十六，1980 年 11 月。

10. 前川幸雄，〈皮日休唱和詩の四聲詩について〉，《漢文學會會報》（國學院大學）二十八，1982 年 11 月。

11. 前川幸雄，〈皮日休陸龜蒙の「夜會問答」について〉，《漢文學會會報》（國學院大學）三十一，1986 年 2 月。

12. 愛甲弘志，〈皮日休試論〉，《中國詩人論——岡村繁教授退官記念論集》（東京：汲古書院，1986 年 10 月）。

13. 愛甲弘志，〈『皮子文藪』所收「鹿門隱書」について〉，京都女子大學《人文論叢》四十一，1993 年。

14. 愛甲弘志，〈皮日休の「補周禮九夏系文」について〉，京都大學人文科學研究所編，《中國古代禮制研究》，1995 年。

後 記

　　本書原爲筆者的碩士論文，其主要的內容撰寫於 1994～1995 年間。儘管拙陋之處尚多，但作爲個人學史過程的階段性作品，我還是不揣淺陋地將這本寒傖的少時習作，呈現在讀者面前，希冀能得到各方先進的指點。

　　儘管本書的主要內容，大體維持其原貌，但爲了此次的出版，筆者亦作了若干程度的修訂，以反映相關領域的研究現況；惟要大幅度的修改，恐怕有待他日了。

　　有關「唐宋之際思想變遷」這一課題，最初我關注的焦點集中在史學觀念的變化。我要感謝我的指導老師陳弱水教授，將我的注意力引導至學術思想層面，使我能夠從更大的範圍來考察日本學者所謂的「唐宋變革」。我也要感謝口試委員王汎森院士和顏尙文教授的中肯批評和建議，未來如有機會能夠重拾此一課題，我會將他們的寶貴意見納入其中。

　　碩士班期間，影響我最大的是康豹（Paul R. Katz）老師和盧建榮老師。康老師的「英文中國史名著選讀」（1992），去除我的偏見，讓我了解西方中國史研究的走向和獨到之處；盧老師的「當代歐美史學研究」（1993），則是讓我接觸到一個新的研究趨勢——新文化史，而盧老師上課的教材和構想，日後具體呈現在麥田一系列的叢書裡。另外，求學期間，許多同窗和友人都曾給予我知識上的激勵和生活上的協助。在此，我要衷心地表達我的謝意！

　　最後，我要感謝我的家人，尤其是我的母親長期對我的支持。本書修訂期間，經歷了內子懷孕和小犬誕生。這本書是獻給慧萍和丞浩的。